新高考日语听力训练（初级篇）

别册

听力原文及答案

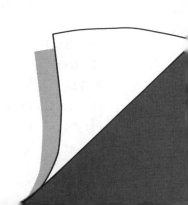

听力原文

第一部分　发音

一、あ行

练习2

(1) あいお　(2) いあい　(3) いえお

(4) おおあ　(5) いあえ　(6) いいお

(7) あいえ　(8) ああい　(9) いえお

(10) いおう

二、か行

练习2

(1) かくき　(2) けいか　(3) くこか

(4) かいけ　(5) かあい　(6) こかき

(7) くいこ　(8) けかき　(9) けいあ

(10) かくけ

三、さ行

练习2

(1) させそ　(2) そしさ　(3) すしか

(4) けしあ　(5) あいし　(6) ささし

(7) しすそ　(8) けさか　(9) あしさ

(10) すしし

四、た行

练习2

(1) つてと　(2) たつさ　(3) つちか

(4) あつい　(5) ちたと　(6) こちか

(7) たたち　(8) てとて　(9) かきつ

(10) さつし

五、な行

练习2

(1) たつな　(2) にぬね　(3) あなし

(4) かにく　(5) あくな　(6) になう

(7) ねいな　(8) おなす　(9) なつな

(10) おにく

六、は行

练习2

(1) はいさ　(2) ひなた　(3) ほうほ

(4) ふいに　(5) ほいく　(6) ふいた

(7) へいこ　(8) ふうふ　(9) はもの

(10) ひいき

七、ま行

(1) まきえ　(2) なまえ　(3) むかい

(4) もくめ　(5) みため　(6) あいも

(7) めいし　(8) みかい　(9) はいむ

(10) あいめ

八、や行

(1) やせい　(2) ゆうひ　(3) よいち

(4) やすい　(5) よみち　(6) こうや

(7) ゆそう　(8) さくや　(9) よすき

(10) すきや

九、ら行

(1) らいと　(2) ろくろ　(3) らいち

(4) るうる　(5) らむね　(6) れいと

(7) りいす　(8) りいる　(9) ろてい

(10) れえる

十、わ行

十一、拨音ん

(1) わあく　(2) さこん　(3) をすら

(4) いおん　(5) とうわ　(6) れいん

(7) そりを　(8) かんな　(9) わいろ

(10) とりを

第二课

一、浊音

（一）が行

(1) かがみ　(2) ぐりこ　(3) なごみ

(4) かいぎ　(5) ぐたい　(6) がいき

(7) とんぐ　(8) てがみ　(9) たまご

(10) ぐあい

（二）ざ行

(1) ざくろ　(2) せいざ　(3) じしん

(4) じかん　(5) ずかん　(6) すずり

(7) ぜんと　(8) しぜん　(9) ぞうり

(10) せんぞ

（三）だ行

(1) まぢか　(2) だから　(3) でんき

(4) どうろ　(5) だいじ　(6) はなぢ

(7) きづく　(8) いかだ　(9) たづな

(10) とおで

（四）ば行

练习2

(1) ばいく　(2) ぶりき　(3) とんび

(4) べすと　(5) ぼうる　(6) ばあい

(7) ぜんぶ　(8) びがく　(9) ぼいす

(10) ぶあい

二、半浊音

练习2

(1) ぱいぷ　(2) ぷりん　(3) かんぺ

(4) ぷうる　(5) ぽうる　(6) ぴいる

(7) ぱんこ　(8) ぽすと　(9) ぺんち

(10) ぱある

三、长音

(1) おばあさん　(2) おじいさん

(3) おにいさん　(4) おねえさん

(5) おとうさん　(6) ビール

(7) プール　(8) コーラ

(9) フリー　(10) ソース

第三课

一、促音

练习2

(1) バッジ　(2) さっし　(3) よっと

(4) いっぽん　(5) まっと　(6) いっさい

(7) ぽっと　(8) きっぷ　(9) なっとう

(10) そっぽ

二、拗音

(1) きょねん　(2) しゅうし

(3) びみょう　(4) ちょうば

(5) しょうしょう　(6) ひょうじ

(7) しゅっちょう　(8) ウァイオ

(9) フレッシュ　(10) モーツァルト

(11) ファックス　(12) しょうぎょう

第四课

一、数字

(1) 1　(2) 22　(3) 56　(4) 135

(5) 230　(6) 480　(7) 671　(8) 555

(9) 1200　(10) 5672　(11) 13000　(12) 54310

(13) 94　(14) 8890　(15) 2345　(16) 234

(17) 7　(18) 14678　(19) 786　(20) 3004

二、量词

三、寒暄语

（一）

(1) こんにちは。　(2) こんばんは。

(3) 大丈夫です。　(4) そうですね。

(5) こちらこそ。　(6) お疲れ様です。

(7) はじめまして。　(8) よろしくお願いします。

(9) お先に失礼します。

(10) 少々お待ちください。

（二）

(1) 早上好　　(2) 晚安　　(3) 原来如此　　(7) 请稍等　　(8) 不用　　(9) 受到照顾

(4) 初次见面　(5) 我知道了　(6) 是的　　(10) 我出门了

第二部分　　听力练习

第一课

一、～は～です/ですか/何ですか

（一）

1. わたしは～です

　A. わたしは　たなか　ゆみ　です。

　B. わたしは　マイク　です。

　C. わたしは　リン　です。

2. ～ですか

　A. たなかさん　ですか。

　B. マイクさん　ですか。

　C. リンさん　ですか。

3. ～は何ですか。

　A. 名前は　何ですか。

（二）

例: わたし　は　やまだ　です。

1. わたし　は　ルー　です。

2. わたし　は　すずき　です。

3. わたし　は　ナンシー　です。

二、はい、～です/いいえ、～では(じゃ)ありません

例:

女: こんにちは。私は中村です。

男: こんにちは。私は田中です。

女: よろしくお願いします。

男: はい、よろしくお願いします。

1.

女: はじめまして。シンさんですか。

男: はい。私はシンです。あなたは?

女: 私はミラです。

2.

女: あっ、たろうさん、こんばんは。

男: ああ、ゆうこさん。こんばんは。

3.

女: こんにちは。

男: あ、はじめまして。私はリョウです。

女: 私はマユです。よろしくお願いします。

男: マユさん、よろしくお願いします。

三、～は～では(じゃ)ありません

（一）

1.

女: みなさん、こんにちは。私は田中まみです。日本人です。大学2年生です。これから、よろしくお願いします。

2.

男: はじめまして。わたしはランです。中国人です。19歳です。どうぞ、よろしくお願いします。

3.

男: みなさん、おはようございます。私は鈴木のぶおです。日本人です。32歳です。会社員です。どうぞよろしくお願いします。

（二）

1.

女: あなたは、山田さんですか。

男: いいえ、いまいです。あなたはたなかさんですか。

女: ええ、たなかです。

2.

女: こんにちは。リンさん。

男: あっ、こんにちは。ヨウさん。

女: じゃ、さようなら。

男: はい、さようなら。

3.

男: はじめまして。ソンです。

女: はじめまして。太田です。

男: 日本人ですか。

女: ええ。

四、～から来ました

（一）

1.

女: こんにちは。私はリンです。中国から来ました。

男: リンさん、よろしくお願いします。

女: はい。よろしくお願いします。

2.

男: はじめまして。私はフランスから来ました。

女: そうですか。あのう、名前は何ですか。

男: あっ、すみません。私はリオです。

3.

女: こんにちは。初めまして。私は中野です。

男: 中野さん、初めまして。大阪から来ましたか。

女: いいえ、京都から来ました。よろしくお願いします。

男: こちらこそ、よろしくお願いします。

（二）

1.

男: こんにちは。わたしはランです。中国人です。

女: よろしくお願いします。

男: よろしくお願いします。

2.

女: あっ、あなたはマイクさんですか。

男: ええ。わたしはマイクです。

女: アメリカ人ですか。

男: はい。

3.

女: はじめまして。わたしはゆうこです。

男: あなたは日本人ですか。

女: はい。大阪から来ました。よろしくお願いします。

五、～歳です

1.

女: こんにちは。わたしはオウです。中国から来ました。

男: いくつですか。

女: 21歳です。

2.

男: あなたは何歳ですか。

女: 19歳です。

男: 大学生ですか。

女: はい、大学生です。

3.

女: はじめまして。わたしは田中です。26歳です。

男: はじめまして。わたしはミラです。27歳です。

女: よろしくおねがいします。

男: はい、よろしくお願いします。

第二課

一、～は～の～です

（一）

1. たなかさんの仕事は医者です。

2. 男の人のかばんは白色です。

3. ランさんの友達はマイクさんです。

（二）

1.

男: みなさん、こんにちは。わたしはソンです。中国人です。わたしは銀行員です。よろしくお願いします。

2.

女: わたしの妹は大学生です。名前はミカコです。20歳です。

3.

男: たなかさんは、先生ですか。

女: はい。さくら高校の先生です。

男: 英語の先生ですか。

女: いいえ、英語じゃありません。数学です。

二、～も～です

1.

女: あなたは中国人ですか。

男: はい、中国人です。

女: リンさんは韓国人ですか。

男: いいえ、中国人です。

2.

男: 田中さんは日本人です。山田さんも日本人です。

女: ソウさんは韓国人です。マイクさんはアメリカ人です。

3.

男: わたしは医者です。山田さんの仕事は何ですか。

女: あっ、わたしも医者です。

男: そうですか。

三、～と～

(一)

1.

女: わたしは田中です。

男: わたしは山田です。

2.

男: わたしはミラーです。

女: わたしはマイクです。

3.

男: おはようございます。

女: おはよう、太郎くん。

(三)

1.

男: こんにちは。わたしは太郎です。わたしは大学生です。

女: こんにちは。わたしはユリです。わたしも大学生です。

男: よろしくおねがいします。

2.

女: あなたの名前は何ですか。

男: わたしはマイクです。アメリカ人です。あなたの名前は何ですか。

女: わたしはカリナです。わたしもアメリカ人です。

男: あっ、そうですか。

3.

男: あのう、彼女は誰ですか。

女: ああ、ゆりこさんです。

男: じゃあ、彼は誰ですか。

女: 山田さんです。ゆりこさんと山田さんは医者です。

四、何の～ですか

(一)

1. 何のカードですか。

　　男: それは何のカードですか。

　　女: これですか。これは銀行のカードです。

2. 何の本ですか。

　　男: あれは何の本ですか。

　　女: あ、あれは中国語の本です。

3. 何の鍵ですか。

　　男: それは何ですか。

　　女: これですか。これはリンさんのかぎです。車のかぎじゃありません。リンさんのうちのかぎです。

(二)

1.

男: 何の雑誌ですか。

女: 英語の雑誌です。

2.

女: 何のカードですか。

男: 病院のカードです。

3.

男：何のアイスですか。

女：いちごのアイスです。

五、だれの～ですか

（一）

1.

女：あっ、誰のペンですか。

男：わたしのです。

女：ああ。山田さんのですか。

2.

女：こんにちは。あなたの犬ですか。

男：いいえ。妹の犬です。名前はジョンです。

女：そうですか。

3.

女：あのう、あなたのノートですか。

男：いいえ、わたしのじゃありません。

女：じゃ、誰のノートですか。

男：部長のです。

（二）

1.

女：あのう、誰のコップですか。

男：ああ、山田さんのですよ。

2.

男：田中さん、何の本ですか。

女：英語の本です。わたしのではありません。

男：誰の本ですか。

女：マイクさんの本です。

3.

女：あのう、あなたのパソコンですか。

男：いいえ。社長のパソコンです。

女：そうですか。

第三课

一、～でした/～では（じゃ）ありませんでした

（一）

1.

女：昨日の天気はどうでしたか。

男：昨日は雨でした。

女：そうですか。

2.

男：昨日のご飯は何でしたか。

女：ラーメンでした。

男：そうですか。

3.

女：先週のテストは何でしたか。

男：英語でした。

女：おつかれさまでした。

二、いくらですか

（一）

1.

女：いらっしゃいませ。

男：その服はいくらですか。

女：1000円です。

男：はい、わかりました。

2.

女：みかんとりんごですね。みかんはいくらですか。

男：みかんは500円です。りんごは200円です。

女：はい、わかりました。

3.

男：あのう、電車のチケットはいくらですか。

女：2000円です。

男：新幹線はいくらですか。

女：10000円です。

三、これ、それ、あれ、どれ

（一）

1.

女：たなかさん、それは何ですか。

男：これは日本語の本です。

2.

男：やまださん、あれは何の木ですか。

女：あれはさくらの木です。

男：そうですか。

3.

男：リンさんのペンはどれですか。

女：わたしのペンは緑色です。

（二）

1.

女：ランさん、これは何ですか。

男：それはケータイです。

女：誰のですか。

男：鈴木さんのです。

2.

女：あのう、これはいくらですか。

男：えっ、どれですか。

女：これです。靴です。

男：ああ、それは5000円です。

3.

女：あっ、あれは鳥ですか。

男：はい。

女：かわいいですね。これは何ですか。

男：それは、猿です。

四、この、その、あの、どの

1.

女：この服は誰のですか。

男：あ、その服はソンさんのですよ。

女：そうですか。

2.

男：その犬の名前は何ですか。

女：ジャックです。

3.

女：すみません、そのテレビはいくらですか。

男：13万円ですよ。

女：はい、わかりました。

4.

女：田中さん、あの方はどなたですか。

男：父です。

女：あっ、そうですか。

5.

男：このノートはいくらですか。

女：えっ、どのノートですか。

男：これです。黒色のノートです。

女：そのノートは200円です。

6.

女：あのかばんは1万円ですか。

男：ええ。ちょっと高いですが。

女：では、このかばんはいくらですか。

男：それは3000円です。

第四课

一、ここ、そこ、あそこ、どこ

（一）

1.

女：あそこにいるのは誰ですか。

男：マイクさんとリンさんです。

女：そうですか。

2.

男：すみません、喫茶店はどこですか。

女：あそこのコンビニのとなりです。

男：はい、ありがとうございます。

3.

男：あなたのうちはどこですか。

女：うちはあそこですよ。

男：何号室ですか。

女：405号室です。

（二）

1. 本はどこですか。

　女：あれっ？本はどこですか。

　男：あ、あそこです。

　女：あそこ？

　男：机の上ですよ。

　女：ああ、ありがとうございます。

2. 駅はどこですか。

　女：あのう、すみません。

　男：はい、何ですか。

　女：駅はどこにありますか。

　男：公園の前ですよ。公園は、コンビニのそば
　　にあります。

女: わかりました。ありがとうございます。

3.

女: あのう、スーパーはどこですか。

男: 2丁目のスーパーですか。

女: いいえ、4丁目のスーパーです。

男: バス停の後ろにありますよ。

女: ありがとうございます。

二、～はどちらですか

（一）

1.

男: はじめまして。ミラさんですか。

女: ええ。わたしはミラです。

男: お国はどちらですか。

女: イギリスです。

男: そうですか。よろしくおねがいします。

2.

女: こんにちは。わたしは山田です。

男: こんにちは。わたしは鈴木です。

女: 鈴木さんの会社はどちらですか。

男: さくら会社です。山田さんはどちらですか。

女: もも会社です。

3.

男: 佐々木さん、元気ですか。

女: はい。元気ですよ。

男: 佐々木さんの学校はどちらですか。

女: ほしだ専門学校です。

男: 何の学校ですか。

女: 音楽の学校です。

（二）

1.

女: わたしの名前はマイです。日本人です。わた
しは大学生です。わたしの大学は駅の横にあ
ります。

2.

男: わたしは王です。中国から来ました。わたし
は会社員です。ななぼし会社の社員です。
ゲームの会社です。

3.

女: みなさん、はじめまして。わたしはクリスで
す。アメリカから来ました。わたしは高校生
です。日本の高校です。よろしくおねがいし
ます。

三、～は～にあります/います

（一）

1.

女: あのう、すみません。

男: はい。

女: 図書館はどこにありますか。

男: あそこのコンビニの前にありますよ。

女: わかりました。ありがとうございます。

2.

男: 先生、わたしのノートはどこにありますか。

女: わたしの机の上にあります。

男: はい、わかりました。

3.

男: あのう、駅はどこにありますか。

女: あそこですよ。

男: え？どこですか。

女: 病院のうしろですよ。

男: ああ、わかりました。

（二）

1.

女: 田中さん、ランさんはどこにいますか。

男: 彼は学校にいますよ。

女: そうですか。わかりました。ありがとうござ
います。

2.

男: 花子さん、先生はどこにいますか。

女: 教室にいますよ。

男: いいえ、いません。

女: ああ、では、研究室にいますよ。

男: そうですか。

3.

女: もしもし、山田さん。今、どこですか。

男：今は映画館にいます。

女：そうですか。

男：あなたはどこにいますか。

女：コンビニにいます。

四、〜に〜があります/います

（一）

1.

女：おやつはどこにありますか。

男：机の上にりんごがありますよ。

女：ケーキはありますか。

男：ああ、冷蔵庫の中にありますよ。

女：そうですか。

2.

男：あのう、すみません。

女：はい、何ですか。

男：トイレはどこにありますか。

女：テレビ売り場のとなりに女性のトイレがあります。冷蔵庫売り場のとなりに男性のトイレがあります。

男：はい、わかりました。ありがとうございます。

3.

女：日本語の辞書はありますか。

男：ええ。本棚の中にありますよ。

女：え？ありませんよ。英語の辞書があります。

男：あ、すみません。日本語の辞書は椅子の上にあります。

（二）

1.

女：あれ？あの人は？

男：え？

女：木の下に女の人がいます。

男：ああ、あの人はリンさんですよ。

女：そうですか。

2.

男：もしもし、太郎です。

女：あっ、太郎さん、こんにちは。どうしましたか。

男：今日は会社に誰がいますか。

女：事務室に社長と部長がいます。食堂に田中さんと佐々木さんがいます。

男：わかりました。

3.

女：あのう、教室に誰がいますか。

男：リンさんと、ミラさんです。

女：そうですか。じゃ、体育館に誰がいますか。

男：太郎さんとマイクさんです。

女：そうですか。

第五课

一、〜もあります、います

（一）

1.

女：机の上になにがありますか。

男：教科書があります。ペンもあります。

2.

男：椅子の下にゴミ箱がありますね。

女：ええ。新聞もありますよ。

3.

女：田中さんの自転車はどこですか。

男：家の前にあります。車も家の前にあります。

（二）

1.

男：もしもし、田中さんですか。今どこにいますか。

女：あ、鈴木さん。今、私、駅です。

男：お一人ですか。

女：いいえ、山田さんもいます。

2.

女：みてください。公園に犬がいますよ。

男：わあ。猫もいますね。

女：あ、そうですね。いいですね。

3.

男：あのう、太郎くんはいますか。

女: ええ、いますよ。今はゆうたくんもいま
　　すよ。

男: あっ、そうですか。

二、しかありません、いません

（一）

1.

女: あのう、花は20本ありますか。

男: すみません、10本しかありません。

2.

男: すみません、サンドイッチはいくつありま
　　すか。

女: サンドイッチは1つしかありません。

男: では、食パンは…。

女: 食パンは10個あります。

3.

女: 鉛筆は10本ありますか。

男: 先生、9本しかありません。

女: あっ、そうですか。

（二）

1.

女: 1組は、今日は30人いますか。

男: いいえ、25人しかいません。

女: どうしてですか。

男: 風邪です。

女: そうですか。

2.

女: 喫茶店には誰がいますか。

男: ランさんしかいませんよ。

女: 他のお客さんはいませんか。

男: ええ、今はいません。

3.

女: 学校に先生は何人いますか。

男: 今日は5人しかいません。

女: いつもは何人いますか。

男: いつもは10人います。

三、〜や/〜など

（一）

1.

女: 日本には寺や城などの観光地があります。

2.

男: 机の上にはノートや鉛筆や新聞があります。

3.

女: パソコンやケータイなど、便利なものは人気
　　があります。

（二）

1.

女: 田中さんは日本人ですか。

男: ええ、そうですよ。

女: 日本の料理では何が人気ですか。

男: 寿司やうどん、おこのみやきなどが人気で
　　すよ。

女: そうですか。ありがとうございます。

2.

女: あのう、スーパーはどこにありますか。

男: 公園のとなりです。あのスーパーは便利で
　　すよ。

女: どうしてですか。

男: 野菜や肉や魚、服もあります。

女: それはいいですね。

3.

男: みなさん、教室になにがありますか。

女: 机などあります。

男: 「〜や〜など」は、たくさんあるときに言いま
　　すよ。

女: はい、机や椅子や時計などがあります。

男: はい。いいです。

第六课

一、何時ですか

（一）

1. 今、何時ですか。

　　女: 田中さん、今、何時ですか。

男：3時15分です。

2. 電車は何時ですか。

女：すみません、次の電車は何時ですか。

男：えっと、次は7時20分ですね。

女：はい、わかりました。

3. 映画は何時からですか。

男：ミラさん、映画は何時からですか。

女：5時からです。

男：はい、わかりました。

（二）

1.

男：今、何時ですか。

女：え？6時です。

男：はい、わかりました。

2.

女：すみません、次のバスは何時ですか。

男：次は6時23分です。

女：はい、わかりました。ありがとうございます。

3.

男：先生、テストは何時からですか。

女：2時15分からです。

男：はい、わかりました。

女：がんばりましょう。

二、～から～までです（時間）

（一）

1.

女：みなさん、こんにちは。私の名前はミラです。銀行員です。仕事の時間は毎日午前9時から午後5時までです。とても疲れます。

2.

男：はじめまして。私は田中です。学校の先生です。毎日授業があります。授業の時間は午前8時から午後6時半までです。とても大変です。

3.

女：こんにちは。私の名前は王明です。日本語学校の学生です。明日は試験があります。試験1は午前10時から午前11時45分までです。試験2は午後1時半から午後3時までです。

（二）

1.

女：先生、明日は何がありますか。

男：明日は運動会です。

女：何時から何時までですか。

男：午前9時から午後3時までですよ。

女：はい、わかりました。

2.

女：太郎さん、今日からは試験ですね。

男：そうですね。月曜日から水曜日までの三日間です。

女：今日は何の試験ですか。

男：英語と数学ですね。

女：そうですか。

3.

女：もしもし、山田さん、今どこですか。

男：今は会社にいます。仕事です。

女：何時までですか。

男：午後7時までです。

女：午前8時から午後7時までですか。大変ですね。

男：ええ、そうですね。

三、～時に～ます

（一）

1.

女：田中さんは何時に来ますか。

男：6時に来ますよ。

女：はい、わかりました。待ちます。

2.

女：タクシーは何時に来ますか。

男：2時半です。

女：そうですか。

3.

男：あのう、朝ご飯は何時に食べますか。

女：8時に食べますよ。

男：はい、わかりました。

（二）

1.

女：部長、お客様は何時に来ますか。

男：午後4時半です。

女：はい、わかりました。

2.

男：先生、卒業式は何時に始まりますか。

女：午前11時に始まります。午後1時に終わり

ます。

男：そうですか。

3.

女：あのう、ここは何時に閉まりますか。

男：午後9時ですよ。

女：では、朝は何時に開きますか。

男：午前11時です。

女：わかりました。

第七课

一、～を～（数量）ください

（一）

1.

女：あのう、すみません。この野菜はいくらですか。

男：全部、200円ですよ。

女：じゃ、にんじんを2つください。

男：はい、わかりました。

2.

男：田中さん、ハンカチがありますか。

女：いいえ。あ、ティッシュはありますが。

男：じゃあ、ティッシュを2枚ください。

女：はい、どうぞ。

3.

女：すみません、じゃがいもはいくらですか。

男：100円です。

女：さつまいもは…。

男：200円です。

女：じゃ、じゃがいもを3個ください。

男：はい、わかりました。

（二）

1.

女：すみません、ボールペンを2本ください。

男：はい。300円です。

女：はい、300円です。

男：ありがとうございます。

2.

女：ハンバーガー、3つありますか。

男：いいえ、ありません。2つあります。

女：じゃ、ハンバーガーを2つ、ポテトを1つください。

男：はい、わかりました。

3.

女：あっ。

男：え？どうしましたか。

女：ペンがありません。どうしましょう。

男：私、5本ありますよ。どうぞ、これを使ってください。

二、～で（合計）

（一）

1.

女：あのう、すみません。

男：はい。

女：この服はいくらですか。

男：2着で4000円ですよ。

女：じゃ、これをください。

2.

女：いらっしゃいませ。

男：ハンバーガーと、コーラと、ポテトをください。

女：はい。3つで560円です。

男：はい。

3.

女：すみません。このノート、いくらですか。

男：こちらは1冊150円です。

女: じゃ、2冊ください。

男: 3冊で350円ですよ。

女: いいえ、2冊おねがいします。

（二）

1.

女: あのう、この鉛筆パックは、何本ありますか。

男: 1パック、4本です。

女: はい、わかりました。ありがとうございます。

2.

女: すみません。お会計を。

男: はい、寿司が10個ですね。1000円です。

女: 一つ100円ですね。

男: そうです。

3.

女: おはようございます。今日はダンス教室です。何人いますか。

男: 今日は8人です。

女: そうですか。先週は6人でしたね。

男: はい。今日はマイクさんと、スミスさんも来ました。

女: いいですね。

三、（動詞ます形）～ます/ません/ました/ませんでした

（一）

1.

女: あのう、田中さんは何時に来ましたか。

男: 12時に来ましたよ。

女: そうですか。じゃ、ランさんは何時に来まし

たか。

男: 11時ですよ。

女: わかりました。

2.

男: リンさん、昨日はどうでしたか。

女: え？仕事しましたよ。

男: 休みませんでしたか。

女: ええ。田中さんが休みましたから、私は仕事しました。

男: そうですか。お疲れ様でした。

3.

女: あのう、男の子を見ませんでしたか。

男: いいえ。

女: そうですか。息子がいません。

男: そうですか。じゃ、僕も探します。

女: ありがとうございます。

（二）

1.

女: 私は、週末、朝は走ります。昼は、家でテレビを見ます。夜は、レストランでご飯を食べます。

2.

男: 昨日、買い物をしました。肉を買いました。でも、料理をしませんでした。コンビニのお弁当を食べました。今日、料理をします。

3.

女: おはようございます。

男: あ、田中さん。宿題をしましたか。

女: ええ。ランさんは？

男: 今、します。

女: そうですか。

第八課

一、～は何番ですか

（一）

1.

女: 田中さん、ケータイはありますか。

男: はい。あります。

女: 電話番号は何番ですか。

男: 5678911です。

女: わかりました。

2.

女: 警察署の番号は何番ですか。

男: 110ですよ。

女: じゃあ、消防署は何番ですか。

男：119です。

3.

男：リンさんの家の番号は何番ですか。

女：405ですよ。

男：そうですか。じゃ、明日、12時に行きます。

女：はい、わかりました。

（二）

1.

女：こんにちは。私はリンです。大学のとなりの
　　マンションの近くに住んでいます。

男：えっ。僕もです。部屋は何番ですか。

女：406番です。

男：僕は203番です。

女：そうですか。

2.

男：すみません、歯科はどこですか。

女：2番の部屋ですよ。1番の皮膚科のとなり
　　です。

男：ありがとうございます。

3.

女：3番の方、どちらですか。

男：あのう、私は4番ですが。

女：あっ、今は3番の人ですよ。

男：そうですか。すみません。

二、どこへ行きますか/行きましたか

（一）

1.

女：おはようございます。どこへ行きますか。

男：今日も学校で勉強しますよ。

女：そうですか。がんばってくださいね。

男：ええ。

2.

男：スミスさん、こんにちは。

女：あ、ランさん。こんにちは。どこへ行きま
　　すか。

男：コンビニへ。スミスさんは？

女：レストランへ。それでは、また。

男：ええ、また。

3.

女：田中さん、学校へ行きますか。

男：あ、すみません、先にトイレへ行きます。

女：わかりました。待ちます。

男：ありがとうございます。

（二）

1.

女：佐藤さんこんばんは。

男：こんばんは、鈴木さん。

女：今日は何をしましたか。

男：山へ行きました。楽しかったですよ。

女：いいですね。

2.

女：リンさん、どこへ行きますか。

男：スーパーへ行きます。

女：何を買いますか。

男：野菜と肉ですよ。今日はカレーをつくり
　　ます。

3.

女：もしもしマイクさん。今どこにいますか。

男：今は駅にいますよ。

女：えっ、どこへ行きましたか。

男：会社ですよ。仕事です。

女：そうですか。

三、何で～ますか/～ましたか

（一）

1.

女：マイクさんは、お箸を使いますか。

男：いいえ、私はフォークで食べます。田中さん
　　はお箸で食べますか。

女：ええ。いつもお箸で食べます。

2.

男：明日は雨ですね。

女：会社へ何で行きますか。自転車はダメです
　　よね。

男：タクシーで行きます。

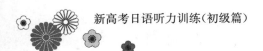

女: わかりました。

3.

女: 今日はカレーを作ります。

男: じゃ、フライパンが必要ですね。

女: いいえ。鍋で作りますよ。

男: あ、そうですか。

（二）

1.

女: はい、どうぞ。これはイタリアのパスターですよ。

男: ありがとうございます。いただきます。箸で食べますか。

女: あっ、フォークですよ。

男: はい、わかりました。

2.

男: もしもし、今、どこにいますか。

女: 今駅にいます。

男: はい、じゃ、行きますね。

女: ええ。何で来ますか。

男: 車ですよ。

女: わかりました。

3.

女: ドラマを見ましたか。

男: ええ、テレビで見ました。

女: そうですか。私はケータイで見ました。

四、いつ～ますか/ましたか

（一）

1.

女: すみません、お店はいつ開きますか。

男: 午後6時ですよ。

女: はい、わかりました。

2.

女: あのう、キッチンの掃除はしましたか。

男: ええ。しました。

女: いつしましたか。

男: 1時にしました。

女: そうでしたか。ありがとうございます。

3.

男: 私、留学します。

女: そうですか。どこへ行きますか。

男: アメリカです。2月に行きます。

女: そうですか。頑張ってください。

（二）

1.

女: もしもし、田中さん、今どこにいますか。

男: 上海です。

女: いつうちへ帰りますか。

男: 正月です。

女: はい、わかりました。

2.

女: 王さん、映画はいつ見ますか。

男: 日曜日はどうですか。

女: すみません、日曜日はちょっと…。

男: じゃ、月曜日はどうですか。

女: ええ、いいですよ。

3.

男: 田中さんはいつ結婚しましたか。

女: 去年です。

男: そうですか。僕は来年結婚します。

女: そうですか。おめでとうございます。

男: ありがとうございます。

第九课

一、だれと～ますか/ましたか

（一）

1.

女: 明日、海へ行きます。

男: えっ、誰と行きますか。

女: ランさんです。

男: そうですか。

2.

女: 昨日、何をしましたか。

男: お父さんとご飯を食べました。

女: いいですね。

3.

女：来月、友達と日本へ行きます。

男：いいですね。ワンさんとですか。

女：いいえ、ミラーさんと行きます。

男：そうですか。

（二）

1.

女：こんにちは、山田さん。お久しぶりですね。

男：あ、お久しぶりです、佐々木さん。

女：先週、学校に来ませんでしたね。どこへ行きましたか。

男：大阪へ行きました。父と一緒に行きましたよ。

女：そうですか。いいですね。

2.

男：私、来月に中国へ行きます。

女：そうですか。いいですね。友達と行きますか。

男：ええ。

女：へえ。北京ですか。上海ですか。

男：いいえ、四川です。

女：そうですか。

3.

女：ああ、疲れました。

男：どうしましたか。

女：昨日、夜2時まで勉強しました。とても疲れました。

男：1人でずっと勉強しましたか。

女：いえ、妹と一緒にしました。

男：そうですか。

二、～はいつですか

（一）

1. テストはいつですか。

　A. 明日です

　B. 明後日です

　C. 来週です

2. 運動会はいつですか。

　A. 月曜日です

　B. 水曜日です

　C. 金曜日です

3. 田中さんの誕生日はいつですか。

　A. 12月28日です

　B. 12月11日です

　C. 11月30日です

（二）

1.

女：あのう、すみません、コンサートのチケットはありますか。

男：ありますよ。何枚ですか。

女：2枚お願いします。

男：はい。いつのチケットですか。

女：土曜日のチケットをお願いします。

男：かしこまりました。2枚で3000円です。

2.

女：明日は会議がありますか。

男：ありません。会議は明後日です。

女：あ、そうですか。何か準備しますか。

男：資料のコピーをお願いします。あと、コーヒーもお願いします。

女：はい、わかりました。

3.

男：来月、ランさんの誕生日ですね。

女：あ、そうですね。8月12日ですよね。

男：そうです。プレゼント、どうしますか。

女：インターネットで買います。

男：そうですね。

三、～に（時間）/何時に

（一）

1.

女：明日、何をしますか。

男：映画館で映画を見ます。

女：そうですか。電車で行きますか。

男：ええ。12時に駅へ行きます。

女：わかりました。

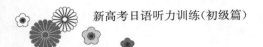

2.

男: もしもし、今どこにいますか。

女: 今は家にいますよ。

男: そうですか。何時に会いますか。

女: そうですね…、6時はどうですか。

男: はい、いいですよ。じゃ、駅で会いましょう。

女: わかりました。

3.

女: あのう、次の電車は何時に来ますか。

男: 10分ですよ。

女: わかりました。東京駅までどれくらいですか。

男: 30分くらいです。

女: わかりました。ありがとうございます。

(二)

1.

女: みなさん、テストが始まります。英語と、数学と、理科のテストがあります。英語は9時から、数学は10時半から、理科は2時からです。

2.

男: お客様、ホテルの説明をします。チェックインは午後3時から、晩ご飯は7時からです。明日の朝ごはんは午前8時からです。あ、あと、今日は映画があります。映画は午後8時からレストランの横の部屋であります。

3.

女: わたしは朝、学校へ行きます。昼も学校で勉強します。夕方は家へ帰ります。家で宿題をします。6時から8時まで勉強します。お風呂は9時に入ります。11時まで漫画を読みます。11時半に寝ます。

四、～を(対象)/何を

(一)

1.

女: 田中さん、どうしましたか。

男: わたしのケータイを見ましたか。

女: ああ、机の上にありましたよ。

男: そうですか。ありがとうございます。

2.

女: ランさん、ビールを1本飲みますか。

男: いいですね。お菓子はありますか。

女: ありますよ。これ、どうぞ。

男: ありがとうございます。

3.

男: 何を買いますか。

女: 肉と、野菜と、洗剤を買います。

男: 今日の夕飯は何ですか。

女: カレーです。

男: いいですね。

(二)

1.

女: お腹が空きましたね。

男: ケーキがありますよ。

女: じゃ、私が切ります。

2.

女: もしもし、今どこですか。

男: 今スーパーです。野菜を買いますから。

女: そうですか。じゃ、お願いします。

3.

女: 今日は日曜日ですね。私は服を洗います。

男: じゃ、僕は部屋を掃除しますね。

女: ええ、お願いします。

五、～は(強調、限定)

(一)

1.

女: あのう、この服、白はありますか。

男: すみません、もう売れ切れです。黒はありますが…。

女: 黒は好きじゃありません。

2.

男: 来週日本旅行へ行きます。

女: いいですね。

男: ランさんもよく行きますか。

女: ええ。日本はよく行きますが、海外は行きま

せん。

男：そうですか。

3.

男：王さん、日本語の勉強はどうですか。

女：ええ、漢字はわかりますが、カタカナはわかりません。

男：そうですか。たくさん勉強しましたか。

女：ええ。漢字は勉強しました。

（二）

1.

女：今日は誰が来ますか。

男：ミラさんが来ますよ。田中さんとリンさんはまだわかりません。

女：そうですか。わかりました。

男：田中さんに電話します。リンさんの電話番号を教えてください。

女：はい。

2.

男：ランさん、コーヒーと、コーラと、お茶、どれを飲みますか。

女：コーラは飲みません。

男：じゃ、お茶とコーヒーと、どちらにしますか。

女：じゃ、お茶をお願いします。

男：はい、わかりました。

3.

女：日曜日、どこへ行きますか。

男：海と、川と、山と、どこにしましょうか。

女：海と山はちょっと…。

男：じゃ、川ですね。

女：ええ、いいですね。

第十课

一、どこで～ますか

（一）

1.

女：田中さん、今日はどこでご飯を食べますか。

男：そうですね…。何を食べましょうか。

女：寿司はどうですか。

男：いいですね。駅前の寿司屋はどうですか。

女：いいですよ。じゃ、そこで食べましょう。

2.

男：明日は仕事がありますか。

女：ないんです。休みです。あなたはありますか。

男：ありますよ。

女：どこで仕事をしますか。

男：家です。家でできる仕事です。

女：それはいいですね。

3.

女：写真を撮りますか。

男：いいですね。どこで撮りますか。

女：さくらの木の下はどうですか。

男：いいですね。じゃ、行きますか。

女：ええ。

（二）

1.

女：わあ、その財布、いつ買いましたか。

男：昨日です。デパートで買いました。

女：いいですね。いくらでしたか。

男：3万円です。

女：それはすごいですね。

2.

男：すみません、これ、あなたのハンカチですね。

女：あっ、私のです。ありがとうございます。

男：いいえ、どういたしまして。

女：どこで拾いましたか。

男：学校の前です。

女：そうでしたか。本当にありがとうございます。

3.

女：明日はテストです。

男：そうですか。どこでありますか。

女：京都大学であります。朝9時からです。

男：そうですか。大変ですね。

二、どこで何をしましたか

（一）

1.
女：みなさん、こんにちは。わたしはカリナです。わたしは昨日、ラーメンを食べました。大阪で食べました。そして、デパートで買い物をしました。服を3着買いました。夜は家でテレビを見ました。

2.
男：田中さんは、昨日会社で仕事をしました。田中さんは部長です。部下がたくさんいます。昼は、部下と一緒に食堂でそばを食べました。5時半に仕事が終わりました。6時に家に帰りました。家でビールを飲みました。

3.
女：わたしは毎日日本語学校で仕事をします。仕事は日本語の教師です。今は、東京の学校の教師です。生徒はみんな中国人です。わたしは来週、中国へ行きます。中国の北京で教えます。

（二）

1.
男：今日は何をしますか。
女：学校で勉強しますよ。明日、テストがありますから。
男：そうですか。大変ですね。

2.
女：山田さんの仕事は何ですか。
男：医者です。
女：へえ。すごいですね。

3.
女：こんにちは。犬の散歩ですか。
男：ええ。公園へ行きます。
女：いいですね。うちの犬は家ですよ。昼はいつも寝ます。
男：そうですか。

三、〜に（場所）

（一）

1.
女：あ、リンさん、どこに行きますか。
男：ちょっとスーパーに。
女：食材を買いますか。
男：いいえ、アルバイトです。
女：そうですか。頑張ってください。

2.
男：ああ、お腹すきました。
女：テーブルにパンがありますよ。
男：ありがとうございます。田中さんも食べますか。
女：いいえ、わたしは食べません。

3.
女：佐藤さん、明日は何かありますか。
男：いえ、何もありません。暇です。
女：じゃ、明日はわたしと出張に行きませんか。
男：いいですよ。どこに行きますか。
女：大阪です。

（二）

1.
女：来週、わたしは京都に行きます。
男：旅行ですか。
女：ええ。京都に友達がいます。
男：へえ。友達に会いますか。
女：ええ。一緒に着物展を見学します。
男：いいですね。

2.
男：あのう、部長はどこですか。
女：ああ、今、会議中です。
男：そうですか。じゃ、ここで待ちます。
女：はい。コーヒーをどうぞ。
男：ありがとうございます。

3.
女：すみません、この本はどこにありますか。
男：あ、そこにありますよ。

女：どこですか。

男：3番の棚の中です。

女：あっ、ありました。でも2番にありましたよ。

男：えっ、本当ですか。すみませんでした。

综合练习一

1.

女：こんにちは。はじめまして。わたしはリンです。

男：はじめまして、田中です。

女：よろしくお願いいたします。

男：こちらこそ、どうぞよろしくお願いいたします。

2.

女：田中さんは、大学生ですか。

男：いいえ、大学生じゃありません。会社員です。

女：そうですか。わたしは大学生です。

3.

女：こんにちは。はじめまして、わたしはミラです。

男：はじめまして。わたしは王です。中国から来ました。

女：そうですか。わたしはイタリアから来ました。よろしくお願いします。

男：はい、よろしくお願いいたします。

4.

男：あ、佐々木さん、こんにちは。娘さんですか。

女：こんにちは。娘の優子です。

男：おいくつですか。

女：3歳です。

男：そうですか。かわいいですね。

5.

女：あのう、わたしのノートを見ましたか。

男：ああ、リンさん。机の上にありますよ。

女：あれは田中さんのノートです。わたしのは、どこですか。

男：うーん、ごめんなさい、わかりませんね。

女：そうですか。

6.

女：今日は何を食べますか。

男：肉にしましょうか。

女：いいですね。野菜はたべませんか。

男：ええ。少し頼みましょう。あとはご飯ですね。

女：はい、もう十分です。

7.

男：あのう、すみません、その白い服はいくらですか。

女：1200円です。

男：そうですか。じゃ、この黒い服は？

女：そちらは1500円です。

男：わかりました。じゃ、この白い服をください。

女：ありがとうございます。

8.

女：あっ、そのパソコンはいいですね。

男：これですか。これ、日本で買いました。中国製です。

女：そうですか。どうですか。

男：いいですよ。

女：そうですか。

9.

男：もしもし、今、どこですか。

女：今は駅です。あなたはどこにいますか。

男：まだ会社ですよ。8時に仕事が終わります。

女：そうですか。じゃ、夕食を買って帰ります。

10.

女：お国は中国ですね。

男：いいえ、韓国です。

女：そうですか。わたしは中国の上海から来ました。

男：そうですか。よろしくね。

11.

女：あのう、日本語の辞書はどこですか。

男：日本語の辞書ですね。その本棚の下から二段目です。

女：はい、わかりました。ありがとうございました。

12.

女：もしもし、田中さんですか。今、どこにいますか。

男：あ、今田さん。今は家ですよ。

女：そうですか。今、リンさんとレストランにいます。一緒に1杯飲みませんか。

男：あ、じゃあ、すぐ行きます。

女：わかりました。

13.

女：どうぞ。

男：わあ、おいしそうですね。いただきます。あっ、ごはんが良いですね。どこのお米ですか。

女：これは北海道のですよ。

男：そうですか。

14.

女：はじめまして。わたしはさくら会社の田中です。

男：こんにちは。わたしはほしぞら会社の佐藤です。

女：佐藤さんの会社はどこにありますか。

男：ここからちかいですよ。車で10分です。

女：へえ、そうですか。

15.

女：田中さん、仕事は何時までですか。

男：午後5時半までですよ。

女：そうですか。朝は9時からですか。

男：いいえ、8時半からです。

女：そうですか。大変ですね。

16.

男：あのう、会議は何時からですか。

女：えっと、3時からですよ。

男：じゃ、あと10分ですね。今は2時50分です。

女：ええ。あと10分で始まります。

17.

男：すみません、とり肉とぶた肉をください。

女：はい。何グラムですか。

男：とり肉を300グラム、ぶた肉を200グラムください。

女：わかりました。お待ちください。

男：はい、おねがいします。

18.

女：あのう、このTシャツ、いくらですか。

男：1枚1000円です。

女：じゃ、2枚買います。2000円ですね。

男：あ、いえ。このTシャツは2枚では1800円です。

女：そうですか。ありがとうございます。

19.

女：みなさん、全員いますか。

男：田中さんがいません。

女：そうですか。他の人はみんないますね。全員で19人ですよ。

男：はい、います。

女：わかりました。

20.

女：はあ、疲れました。

男：そうですか。大丈夫ですか。

女：ええ。今日は朝からアルバイトに行きました。

男：それは大変でしたね。僕は図書館で勉強しました。

女：お疲れ様です。

21.

女：もしもし、王さん、今から行きます。

男：はい、わかりました。さくらマンションの303番の部屋ですよ。

女：わかりました。

男：じゃ、気をつけて。

22.
男：田中さん、お昼ご飯は食べましたか。
女：ええ。11時に喫茶店で食べました。
男：そうですか。今からどこへ行きますか。
女：映画館です。友達と一緒に映画を見ます。
男：いいですね。

23.
女：山田さんは、バスで会社へ来ますか。
男：いいえ。車です。
女：そうですか。
男：佐々木さんは何で来ますか。
女：わたしは地下鉄です。

24.
男：リンさん、木曜日はアルバイトがありますか。
女：いいえ。休みです。
男：そうですか。いつバイトに行きますか。
女：月曜日と水曜日です。

25.
女：もしもし、ランさん、元気ですか。
男：ええ。元気ですよ。今、日本にいます。
女：留学ですか。
男：そうです。ミラさんも一緒にいます。
女：へえ。いいですね。

26.
男：佐藤さん、明日はお誕生日ですよね。おめでとうございます。
女：ありがとうございます。

男：佐藤さんの誕生日は、王さんと一緒ですね。16日ですよね。
女：ええ。そうです。

27.
女：あ、もう9時ですよ。仕事の時間ですよ。
男：ああ、大丈夫です。今日は12時からです。
女：そうですか。じゃ、朝ごはんを食べますか。
男：ええ、コーヒーもお願いします。

28.
男：今日は何をしますか。
女：買い物に行きます。
男：スーパーですか。
女：いいえ、今日はデパートです。車で行きます。
男：わかりました。わたしが運転します。

29.
女：昨日は何をしましたか。
男：学校でサッカーをしました。今日は図書館で勉強します。
女：そうですか。わたしは家で漫画を読みます。
男：仕事は休みですか。
女：ええ。そうです。

30.
女：リンさんは、来月から留学しますか。
男：ええ、そうです。アメリカに行きます。
女：そうですか。英語を勉強しますか。
男：ええ。
女：へえ、いいですね。

第十一课

一、あげます/もらいます/貸します/借ります
（一）
1.
女：田中さん、これ、どうぞ。
男：え？何ですか。
女：お菓子です。京都で買いました。抹茶味です。
男：へえ。ありがとうございます。
女：どうしたしまして。

2.
男：リンさん、作業服はありますか。
女：いえ、今はありません。
男：そうですか。じゃ、わたしのを使ってください。
女：いいえ、マイクさんにもらいます。大丈夫です。
男：わかりました。

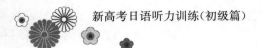
3.

女: あ、ノートがありません。

男: 忘れましたか。

女: ええ。家に。

男: じゃ、これをどうぞ。新しいノートですよ。

女: ありがとうございます。

（二）

1.

男: すみません、10円ありますか。

女: ええ、ありますよ。

男: 貸してください。このジュースは100円ですが、今は90円だけで…。

女: ああ、いいですよ。どうぞ。

男: ありがとうございます。

2.

女: みなさん、椅子はありますか。

男: はい、ありますが、あと一つ欲しいです。

女: 分かりました。となりの部屋から借ります。1つで大丈夫ですね。

男: ええ、大丈夫です。お願いします。

3.

男: ミンさん、わたしの辞書は知りませんか。

女: ああ。午前中に借りましたね。ここですよ。

男: ああ、そうでした。もう使いませんね。

女: ええ。今、返します。ありがとうございました。

男: いいえ、どういたしまして。

二、教えます/習います

（一）

1.

女: 王さん、王さんは中国人ですよね。

男: ええ、そうですよ。

女: わたし、来月中国へ出張します。でも、中国語がわかりません。

男: ああ、教えますよ。

女: 本当ですか。ありがとうございます。

2.

男: さあ、田中さん。これをどうぞ。

女: わあ、おいしそうなスパゲッティですね。マイクさんは料理が上手ですね。

男: いえいえ、リンさんに習いました。

女: そうですか。いいですね。

3.

女: 山田さん、明日、中村さんが来ます。中村さんはここの仕事をするのは初めてです。

男: あっ、そうですか。じゃ、僕が教えますよ。

女: ええ、お願いします。仕事は9時からですが、明日は8時半からです。

男: はい、わかりました。

（二）

1.

女: 最近、中国語の勉強を始めました。

男: どうですか。

女: うーん、楽しいですが、大変です。

男: そうですね。どこで習っていますか。

女: 大学です。中国人の先生に習っています。

男: そうですか。

2.

男: あのう、ちょっといいですか。

女: はい、何ですか。

男: この資料、誰が作りましたか。

女: わたしが作りました。

男: 誰に習いましたか。

女: 部長です。

男: そうですか。ちょっと、部長に聞きますね。

女: わかりました。すみませんでした。

3.

男: 佐藤さん、仕事は何ですか。

女: 日本語の先生です。

男: そうですか。どこで日本語を教えますか。

女: 高校です。でも、時々インターネットでも教えます。

男: へえ。すごいですね。

三、もう～ました/まだです

（一）

1.

女: もしもし田中さん、もう仕事が終わりましたか。

男: いいえ、まだです。あと1時間で終わります。

女: そうですか。晩ご飯はどうしますか。

男: そうですね…コンビニでお弁当を買います。

女: じゃ、わたしが買いますよ。今からコンビニへ行きます。

男: それはありがとうございます。

2.

女: はあ、疲れました。

男: 宿題はもう終わりましたか。

女: ええ、終わりました。田中さんは終わりましたか。

男: いいえ、まだです。あと1ページあります。

女: じゃ、わたしは先に帰ります。

男: ええ。お疲れ様でした。

3.

男: リンさん、もう準備ができましたか。

女: ええ、終わりました。どこへ行きますか。

男: デパートへ行きます。服を買います。

女: いいですね。私は靴を買います。

男: じゃ、車で行きましょう。

女: はい。お願いします。

（二）

1. 返事はどれですか。

　女: 仕事はもう終わりましたか。

　A. いいえ、まだです

　B. いいえ、終わりました

　C. はい、もうです

2. 返事はどれですか。

　男: 今日はもう帰りますか。

　A. はい、帰ります

　B. いいえ、まだです

　C. はい、まだ帰ります

3. 返事はどれですか。

　女: 大学はもう卒業しますか。

　A. いいえ、まだ卒業します

　B. いいえ、まだ卒業しません

　C. はい、もう卒業しません

第十二課

一、～か～か（選択）

（一）

1.

女: 田中さん、ご飯を食べますか。

男: ええ、食べます。

女: ラーメンとうどん、どっちがいいですか。

男: うーん、ラーメンがいいですね。

女: わかりました。じゃ、作ります。

2.

男: 黒色の服か、白色の服か、どっちがいいですか。

女: 黒色の服がいいです。

男: わかりました。じゃ、黒色のを着ます。

女: じゃ、わたしのも。赤色のスカートか、青色のスカート、どっちですか。

男: うーん、青色のスカートですね。

女: わかりました。

3.

女: 土曜日か日曜日、映画を見に行きます。

男: どっちですか。わたしも一緒に行きます。

女: うーん、土曜日は休みです。日曜日はアルバイトがあります。じゃ、土曜日にします。

男: わかりました。

（二）

1.

女: わたしは留学に行きます。

男: いつ行きますか。

女: 春か、夏ですね。

男: へえ、いいですね。ぼくの弟は秋に留学から帰りますよ。

女: そうですか。

2.

男: 寿司か、ラーメン、どっちがいいですか。

女: うーん、寿司です。あなたはどっちですか。

男: わたしも寿司です。でも、最近ラーメンもよく食べます。

女: そうですか。わたしはそばをよく食べます。

3.

女: 今日は誰が来ますか。

男: 山田さんが1時か2時くらいに来ます。田中さんは3時に来ます。

女: そうですか。迎えに行きますか。

男: いいえ、車で来ますから。大丈夫ですよ。

女: はい、わかりました。

二、〜はどうですか

（一）

1.

女: 最近仕事はどうですか。

男: うーん、うまくいっていますよ。

女: そうですか。わたしはちょっと…。

男: どうしましたか。

女: 毎日朝8時から夜9時まで仕事です。とても疲れます。

男: それは大変ですね。

2.

男: 日曜日、何をしますか。

女: そうですね。まだ決まりません。

男: 動物園はどうですか。

女: いいですね。動物園のあと、食事はどうですか。

男: ええ、いいですよ。

3.

男: 王さん、日本はどうですか。

女: すばらしい国ですね。

男: 日本のどこがいいですか。

女: うーん、ごはんです。あと、街もすてきですよ。

男: そうですか。あとどれくらい居ますか。

女: 2年です。

（二）

1.

女: すみません、このTシャツはいくらですか。

男: 5000円ですよ。

女: そうですか。ちょっと…。

男: じゃ、こっちのスカートはどうですか。1200円ですよ。

女: うーん、でも、それもちょっと高いですね。要りません。

2.

男: 今日は休みです。家には食べ物は何もありません。

女: わたしもです。

男: そうですか。じゃ、ラーメン屋で一緒にお昼を、どうですか。

女: うん、でも、雨ですよ。

男: わたし、車を運転しますよ。

女: じゃ、行きましょう。

3.

女: ランさん、これ、どうですか。

男: えっ？これは…。

女: 中国の服ですよ。先週、上海へ行きました。その時買いました。

男: そうですか。かわいいですね。佐藤さんによく似合いますね。

女: ありがとうございます。あ、これ、お土産です。お菓子です。

男: ありがとうございます。

三、〜はどんな〜ですか

1.

女: リンさん、中国はどんなところですか。

男: いいところですよ。夜中までお店があります。

女: それはいいですね。日本は9時に終わります。

男: ええ。そうですか。

2.

男: あのう、これはどんな味ですか。

女: どんな味…、肉ですよ。

男: でも、赤色ですよ。肉は茶色です。

女: ああ、これはローストビーフといいます。赤色のお肉です。おいしいですよ。

男: そうですか。じゃ、食べます。

3.

女: 先週、沖縄へ行きました。

男: そうですか。どんなところでしたか。

女: 海がきれいでした。

男: へえ、いいですね。ご飯はどうでしたか。

女: おいしかったですよ。

男: いいですね。

第十三课

一、～は(い形容詞)(な形容詞)です

1.

女: ランさん、その服、いいですね。

男: ありがとうございます。さくらデパートで買いました。

女: そうですか。高かったですか。

男: いいえ。安かったです。2000円でした。

女: そうですか。

2.

男: あの人、誰ですか。

女: えっ? どの人ですか。

男: あの、赤い服の人です。

女: ああ、あの人はコンビニの店員さんですよ。

男: ああ、そうですか。

3.

女: これ、どうですか。

男: おいしいですよ。寿司ですか。

女: ええ。お母さんに習いました。

男: お母さんは寿司屋さんですか。

女: ええ。昔。

男: すごいですね。

二、否定(い形容詞)(な形容詞)

(一)

1. おもしろい　　2. 楽しい　　3. 悲しい

4. 大きい　　5. 熱い

(二)

1. ハンサムな　　2. 上手な　　3. 変な

4. 自由な　　5. 熱心な

(三)

1.

女: あのう、このTシャツのSサイズはありますか。

男: すみません、ないんですが、でも、このTシャツはちょっと小さいですよ。Mサイズでも大丈夫ですよ。

女: 本当ですか。大きくないですか。

男: ええ。一回着ますか。

女: ええ。そうします。

2.

男: 田中さんはいつアメリカに居ましたか。

女: 小学生の時です。

男: そうですか。アメリカは自由な国だと聞きました。本当ですか。

女: ええ、アメリカの子供は自由ですね。でも、わたしは日本人です。自由じゃないですよ。

男: ああ、そうですか。でも、いいですね。英語がわかりますか。

女: ええ、わかりますよ。

3.

女: 沖縄は暑いですね。

男: そうですか。

女: ええ。全然寒くないですよ。東京は寒いです。

男: 何度ですか。

女: 11月は15度くらいです。12月は3度くらいです。

男: 寒いですね。沖縄は27度ですよ。

女: そうですか。

三、～が好きです

（一）

1.

女：山田さんは、何が好きですか。

男：日本のアニメです。

女：そうですか。どこでアニメを知りましたか。

男：中国にいた時、友達が見ていました。それで、知りました。

女：へえ。何歳の時ですか。

男：15歳の時です。

2.

男：リンさん、一緒にご飯を食べませんか。

女：ええ、いいですよ。何を食べますか。

男：寿司はどうですか。

女：うーん。寿司はちょっと…。

男：好きじゃないですか。では、何が好きですか。

女：ラーメンが好きです。

男：そうですか。じゃ、ラーメンを食べましょうか。

女：ええ。

3.

女：太郎さんは何色が好きですか。

男：青色です。

女：じゃ、この青いハンカチをそうぞ、お土産です。

男：ありがとうございます。

女：佐藤さんは何色が好きか、わかりますか。

男：黄色ですよ。

女：そうですか。じゃ、黄色のをあげます。

（二）

1.

女：みなさん、こんにちは。わたしはリンです。中国から来ました。わたしは日本の文化が好きです。着物が好きです。去年、京都で着物を着ました。写真をたくさん撮りました。着物はとても可愛いですね。

2.

男：こんにちは。はじめまして。わたしは王です。留学生です。わたしは日本の桜が好きです。桜は4月に咲きます。今は12月です。とても楽しみです。

3.

女：はじめまして。わたしは山田ゆうこです。大学3年生です。わたしは中国の料理が好きです。餃子が一番好きです。昨日、餃子をつくりました。中国人の友達と一緒に作りました。とてもおいしかったです。来年、中国へ留学します。

四、～が上手です/わかります

（一）

1.

女：田中さんは日本語が上手ですね。

男：え？ああ、わたしは日本人ですよ。日本人に、日本語が上手とは言いませんよ。

女：そうですか。

男：ええ。でも、リンさんは中国人ですよね。中国人ですが、日本語が上手ですね。

女：ありがとうございます。

2.

男：ミンさん、今日は何をしますか。

女：そうですね、カラオケはどうですか。

男：うーん、わたしは歌が上手じゃありませんよ。

女：大丈夫ですよ。

男：大丈夫じゃないですよ。ミンさんは歌が上手です。わたしは下手です。ちょっと恥ずかしいです。

3.

女：山田さんは、佐々木さんと友達ですか。

男：いいえ、どの佐々木さんですか。

女：あの、2組の男の人ですよ。英語が上手です。

男：ああ。あの人ですか。名前はわかります。

女：あの人、かっこいいですよね。わたし、好き

です。

男：うーん、わたしはわかりません。

（二）

1.

女：今日はわたしの友達のユリさんを紹介します。ユリさんはアメリカ人です。アメリカ人ですが、日本語がわかります。わたしとユリさんはいつも日本語で話します。でも、ユリさんは漢字がわかりません。わたしは毎週土曜日ユリさんに漢字を教えます。ユリさんはわたしに英語を教えます。とても良い友達です。

2.

男：わたしの母は中国人で、父は日本人です。わたしの母は日本語がわかりませんが、父は中国語がわかります。家で、みんな中国語を話します。わたしは中国語も日本語もわかります。母は最近、日本語の勉強を始めました。毎日父が日本語を教えます。母はとてもえらいです。

3.

男：わたしは日本の文化があまりわかりません。二ヶ月前、日本に来ました。まだ、慣れません。日本では食べる前に、「いただきます」と言います。でも、わたしはいつも忘れます。わたしの国では言いません。でも、「いただきます」は素晴らしいです。これから、がんばります。

第十四課

一、～が（逆接）

（一）

1.

女：今日は晴れですが、風が強いですね。

男：そうですね。海に行きますか、どうしますか。

女：これは…、無理ですよ。

男：じゃ、家で映画を見ますか。

女：はい、そうしましょう。

2.

女：お腹すきました。なにか食べますか。

男：うーん、お腹はすいていないですが…、いいですよ。

女：ラーメンはどうですか。

男：うーん、ちょっと…。喫茶店でサンドイッチはどうですか。

女：えー。

男：じゃ、コンビニはどうですか。ラーメンも、サンドイッチもありますよ。

女：そうですね。

3.

男：その漫画、おもしろいですか。

女：うーん、絵はきれいですが、話はおもしろくないです。

男：そうですか。他におもしろい漫画はありますか。

女：ありますよ。わたしの家に。後で家に行きますか。

男：ええ。

女：じゃ、準備します。

男：わかりました。待ちます。

（二）

1.

女：今日の天気は、寒いですが、風はありません。

男：そうですか。明日はどうですか。

女：明日も寒いですよ。風もあります。

男：そうですか。じゃ、厚い服を着ますね。

女：ええ。

2.

男：ミラさん、今日の食事会に来ますか。

女：ええ。行きますが、9時に帰ります。

男：9時？早いですね。

女：明日、息子の運動会があります。

男：そうですか。わかりました。どうやって帰りますか。

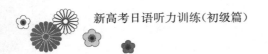

女: タクシーで。
男: わかりました。

3.
女: 王さん、すき焼きはおいしいですか。
男: おいしいですが、ちょっと甘いですね。
女: そうですか。
男: ええ。日本の料理は甘いです。中国の料理は辛いです。
女: そうですか。じゃ、明日はキムチ鍋を作ります。
男: それも甘いですか。
女: いいえ、辛いです。

二、～が～から（理由）
（一）
1.
女: 今日は何をしますか。
男: 気温が高いですから、家でドラマを見ます。
女: そうですか。

2.
男: 田中さん、どうしてご飯を食べませんか。
女: お腹が空いていませんから。
男: そうですか。後で食べますか。
女: ええ、そうします。

3.
女: もしもし、今日、一緒に行きますか。
男: ああ、すみません、今日はちょっと…。
女: どうしてですか。
男: 仕事が終わりませんから。
女: そうですか。わかりました。

（二）
1.
女: ランさん、お正月は国へ帰りますか。
男: いいえ、帰りません。
女: どうしてですか。
男: 家族が日本へ来ますから。
女: あっ、そうですか。いいですね。

2.
女: あのう、山田さん、ちょっとこれ…。
男: はい、どうしましたか。
女: この文章の意味がわかりません。
男: ああ、これは漢字が多いですから。アメリカ人のスミスさんには難しいですね。
女: はい。
男: じゃ、教えますね。

3.
男: ああ、雨ですね。
女: ええ。学校へ、車で行きますか。
男: えっ、だめです。僕、運転できません。
女: どうしてですか。
男: 今、足が痛いですから。
女: じゃ、わたしが運転しますよ。
男: ありがとうございます。

三、どうして～ます（ました）か
（一）
1.
女: 佐藤さん、明日の食事会、一緒に行きますか。
男: いいえ、明日は行きません。休みます。
女: えっ、どうして休みますか。
男: 今、お金がありませんから。
女: ああ、そうですか。

2.
男: リンさん、宿題はしましたか。
女: あっ、忘れました。
男: どうして忘れましたか。
女: 昨日、夜テレビを見ましたから…。すみません。

3.
女: ねえ、どうして昨日、怒りましたか。
男: ああ。昨日、田中さんが資料を間違えました。それで、怒りました。
女: そうですか。でも、田中さん、泣きましたよ。

男：えっ、本当ですか。

女：ええ。かわいそうです。

（二）

1.

男：あれっ、田中さん、大丈夫ですか。

女：昨日、泣きました。

男：どうしてですか。

女：犬が死にました。

男：ああ…。それは残念ですね。

2.

女：ワンさん、起きましたか。

男：ああ、すみません。まだ寝ています。

女：お酒をたくさん飲みましたね。

男：ええ。そうです。

3.

女：ランさん、今日は何をしますか。

男：今日は、夜走ります。最近、ちょっと太りました。

女：そうですか。大変ですね。

四、～に（対象）

（一）

1.

女：そのチョコレート、誰にあげますか。

男：田中さんです。昨日、お菓子をくれましたから。

女：そうですか。

2.

男：この英語の問題、できますか。

女：わたしにはできませんよ。難しいです。

男：そうですよね、これはとても難しいです。誰ができますか。

女：ミラさんに聞きますか。

男：ええ。

3.

男：この写真、どうですか。

女：わあ、きれいですね。桜ですか。

男：ええ。本当にきれいです。わたしはこのきれいな桜に涙が流れました。

女：涙が流れましたって、どういうことですか。

男：泣きました、ということです。

（二）

1.

女：ははは。

男：何ですか。

女：この漫画ですよ。読みますか。

男：ええ、ありがとうございます。

2.

女：はあ、疲れました。

男：どうしましたか。

女：宿題がたくさんあります。もう疲れました。

男：それは大変ですね。

3.

男：ねえ、お腹がすきましたか。ご飯を食べますか。

女：いいえ、食べません。

男：あっ、ごめんなさい。犬に聞きました。

女：あ、そうですか。すみません。

第十五课

一、～は～が～です

（一）

1.

女：ランさんは日本語が上手ですね。

男：えっ、そうですか。ありがとうございます。

女：どこで勉強しましたか。

男：中国の学校です。

女：そうですか。すごいですね。

2.

男：今日は天気がいいですね。

女：ええ。洗濯物がよく乾きますね。

男：明日も天気がいいですか。

女：いいえ、明日は雨です。

男：ああ、そうですか。

3.

男：リンさん、一緒に食堂へ行きますか。

女: いいえ、行きません。

男: 昼ごはんは食べませんか。

女: 食べますけど、食堂では食べません。食堂のご飯は量が多いですから。

男: そうですか、わかりました。

（二）

1.

女: 夏は暑いですが、夜は涼しいですね。

男: そうですね。あ！山田さん、あれ！

女: え？あ、月がきれいですね！

男: そうですね。

2.

女: 私の友達の田中さんは、とても可愛いです。ピアノが上手です。それから、英語も上手です。頭がいいです。

3.

女: マイクさん、うれしそうですね。

男: ええ、嬉しいことがありました。

女: なんですか。

男: 今月は給料が良かったです。仕事をがんばりましたから。

女: それはいいですね。

二、～はどうですか/どうでしたか

（一）

1.

女: 明日、一緒に映画を見ませんか。

男: あっ、すみません。明日はちょっと…。

女: そうですか。じゃ、明後日はどうですか。

男: ええと、明後日はいいですよ。

2.

男: 留学はどうでしたか。

女: ええ、よかったですよ。

男: どこに行きましたか。

女: 北京です。中国語を勉強しました。

男: そうですか。

3.

女: あのう、昨日、わたしの妹に会いましたか。

男: ええ。駅前で。学校の帰りでしたよ。

女: そうですか。妹はどうでしたか。

男: とても元気で、かわいかったですよ。

女: そうですか。よかったです。

（二）

1.

女: すみません、この黒い靴はいくらですか。

男: 2800円です。

女: うーん、ちょっと高いですね。

男: じゃ、こちらの茶色い靴はどうですか。1500円です。

女: いいですね。じゃ、それを買います。

2.

女: また雨ですね。

男: ええ。買い物はどうしますか。

女: 車で行きます。

男: 大丈夫ですか。風がつよいですが…。

女: 大丈夫です。

3.

女: 田中さん、これ、どうぞ。

男: 何ですか。

女: 北海道のお土産です。チョコレートです。

男: へえ。ありがとうございます。いただきます。

女: どうですか。

男: 甘いです。でも、おいしいです。

三、～に～がありますか/いますか/何がありますか/いますか

（一）

1.

女: ご飯ですよ。机の上を片付けてください。

男: はい、わかりました。

女: このノートは？

男: ああ、それはランさんのです。

2.

女: はあ、疲れました。

男: 座りますか。

女: ええ。でも、この椅子の上にかばんがありますよ。

男: あっ、すみません。机の上に置きましょう。

女: ありがとうございます。

3.

女: 最近、引っ越しました。

男: そうですか。家具はもう全部そろいました。

女: いいえ、今はベッドだけです。机とテーブルは、明日。

男: そうですか。

（二）

1.

女: あの人は誰ですか。

男: え？どの人ですか。

女: 窓のそばにいる、男の人です。

男: ああ、あれはランさんですよ。僕の友達です。

2.

女: ああ、この問題は難しいですね。ランくん、教えてくれませんか。

男: 教室に先生がまだいますよ。

女: 本当ですか。じゃ、先生に聞きます。

3.

男: あっ、あれ、かわいい犬ですね。

女: え？どこですか。

男: ほら、木の下ですよ。

女: あれは犬じゃなくてうさぎですよ。

男: 本当ですか。すみません、私、間違えました。

四、～はどこにありますか/いますか

（一）

1.

女: ああ、困ったなあ。

男: どうしましたか。

女: ケータイがありません。

男: キッチンにありますよ。

女: あ、本当ですね。

2.

男: すみません、この漫画はどこにありますか。

女: 3番目の本棚にありますよ。

男: あのう、ありませんが…。

女: あっ。ごめんなさい。4番目です。

3.

女: おはようございます。

男: おはようございます。あれ？メガネはかけませんか。

女: いえ、メガネがありません。どこかわかりますか。

男: トイレにありましたよ。

女: あっ、本当ですか。

（二）

1.

女: すみません、部長はいますか。

男: 今はいません。

女: どちらにいますか。

男: 会議室にいますよ。

女: はい、わかりました。ありがとうございます。

2.

女: あのう、山田さんはどこにいますか。

男: 教室にいませんでしたか。

女: はい。いませんでした。

男: では、電話してみます。

女: お願いします。

男: 彼は家にいます。今日は来ないんです。

女: そうですか。

3.

男: もしもし、リンさん、今どこにいますか。

女: 今はバス停ですよ。ワンさんはどこですか。

男: 今はまだ会社です。

女: 何時に会いますか。

男: 7時はどうですか。今から行きますよ。

女: わかりました。じゃ、7時に東京駅で。

第十六课

一、～になります/なりました

（一）

1.
女: 山田さんの娘さんは、何歳ですか。
男: 今は10歳です。4月に11歳になります。

2.
男: ワンさんは今大学生ですか。
女: ええ。9月に3年生になります。

3.
女: あのう、わたし、実は結婚します。
男: そうですか。仕事はやめますか。
女: ええ。専業主婦になります。

（二）

1.
女: みなさん、こんにちは。わたしはスミスです。わたしは去年、日本に来ました。去年の4月に、留学生になりました。毎日大学に行っています。日本での生活はとても楽しいです。

2.
男: はじめまして。わたしは田中次郎です。日本語の先生です。2020年の1月に先生になりました。もう3年です。毎日日本語学校で授業をします。明日も授業です。頑張ります。

3.
男: こんにちは。わたしはミラです。わたしはアメリカにいます。妻と、娘がいます。娘は10月に12歳になりました。わたしは6月に42歳になりました。妻は9月に40歳になりました。毎日幸せです。

二、～にします/しました

（一）

1.
女: いらっしゃいませ。何にしますか。
男: なにかおすすめがありますか。
女: 醤油ラーメン、塩ラーメン、味噌ラーメンがあります。どれも美味しいですよ。
男: じゃ、塩ラーメンにします。
女: わかりました。

2.
男: あのう、コンビニへ行きますが、なにかいりますか。
女: あ、飲み物をお願いします。
男: 何にしますか。
女: うーん、コーラがいいですが…、でも、ダイエットですから、お茶にします。
男: はい、わかりました。

3.
女: すみません、カレーを一つお願いします。
男: 辛いカレーと、すこし甘いカレー、どっちにしますか。
女: 辛いカレーにします。
男: わかりました。570円です。

（二）

1.
女: 山田さん、必修科目を選びましたか。
男: ええ。
女: 何にしましたか。
男: 英語にしました。
女: そうですか。わたしは中国語にしました。

2.
男: リンさん、ご飯を買いましたか。
女: ええ。
男: 何にしましたか。
女: うどんにしました。王さんは？
男: まだです。ぎょうざにします。
女: そうですか。

3.
女: 佐藤さん、どの大学へ行きますか。決めましたか。
男: ええ。決めました。京都大学にします。
女: すごいですね。わたしは、専門学校にします。

男：何のですか。

女：歌の専門学校です。

三、一番～です/でした

（一）

1.

女：ワンさん、日本の料理は好きですか。

男：ええ、好きですよ。

女：何が一番好きですか。

男：寿司です。ラーメンも好きですが、寿司が一番好きです。

女：そうですか。

問、男の人は何が一番好きですか。

A. 寿司　　　B. ラーメン　　　C. うどん

2.

女：休みの日は何をしますか。

男：本を読みます。あと、映画も見ます。それから、お酒を飲みます。

女：お酒は何が好きですか。

男：ビールが一番好きです。

女：そうですか。わたしは焼酎が一番好きです。

問、女の人は何が一番好きですか。

A. ビール　　B. 焼酎　　　C. ジュース

3.

男：日本人の友達はいますか。

女：ええ。いますよ。田中さんと、佐々木さんと、山田さんです。

男：たくさんいますね。

女：ええ。でも、田中さんが一番仲良いです。

男：そうですか。よかったですね。

（二）

1.

女：私はリンです。中国から来ました。私は中国語と英語、日本語、フランス語がわかります。中国語は自分の国の言葉ですから、難しいとは思いません。でも、日本語はとても簡単だと思います。勉強した言葉で、一番簡単です。発音はとても簡単です。でも、英語と

フランス語は発音が難しいです。

2.

男：みなさん、こんにちは。わたしは小学生の時、習字を勉強しました。習字は書道のことです。筆で字を書きます。あと、水泳と野球もやりました。その中で、野球が一番嫌いでした。運動がきらいですから、辛かったです。

3.

男：わたしは日本の料理が大好きです。日本の料理が大好きですから、自分で作りました。寿司と、ラーメン、カレー、うどんを作りました。その中で、寿司が、一番難しいと思いました。魚を切るのが難しいですから、寿司を作るのは難しいです。

四、何をしに行きますか/来ましたか

（一）

1.

女：夏休みに、日本へ行きます。

男：何をしに行きますか。

女：日本語の勉強です。

男：そうですか。日本語は難しいですよ。

女：はい、がんばります。

問、女の人は何しに行きますか。

2.

男：ちょっと、コンビニへ行ってきます。

女：何をしに行きますか。

男：ビールを買います。あと、お菓子も買います。

女：ビールはまだありますよ。

男：あ、そうですか。じゃ、お菓子を買います。

問、男の人は何しに行きますか。

3.

女：明日から大阪へ行きます。

男：いいですね。旅行ですか。

女：ええ。大阪に姉がいますから、会います。

男：そうですか。楽しみですね。

女: はい。お土産を買っていきますね。

（二）

1.

女: こんにちは。

男: あっ、田中さん。こんにちは。

女: あのう、部長はいますか。資料をわたします。

男: あっ、今日は休みですよ。

女: そうですか。

2.

女: こんにちは。

男: あっ。いらっしゃいませ。

女: ええ。鶏肉200グラムと、牛肉500グラムください。

男: はい。わかりました。

3.

女: ランさんは、日本に来て何年ですか。

男: 3年です。

女: 何のために日本に来たんですか。

男: 仕事です。わたしは中国語の先生ですから。

女: そうですか。すごいですね。

第十七课

一、～に何回～ますか

（一）

1.

女: ランさんは、一年に何回国へ帰りますか。

男: 2回です。

女: いつですか。

男: 正月と、お母さんの誕生日です。来月、お母さんの誕生日ですから、帰ります。

女: そうですか。

2.

男: ミラさんはジムに行きますか。

女: ジムは運動するところですね。

男: ええ、そうです。

女: 行きますよ。週に3回。

男: そうですか。すごいですね。僕は週に1回です。

3.

男: はじめまして。田中太郎です。よろしくお願いします。

女: 店長の山田です。田中くんは、アルバイトは初めてですか。

男: はい、初めてです。

女: 週に何日アルバイトできますか。

男: 3日です。

女: はい、わかりました。

（二）

1.

女: わたしはパンが大好きです。甘いパンも好きですが、塩辛いパンも大好きです。学校から近いところにパン屋があります。わたしは週に5回そのパン屋に行きます。チョコレートのパンと、塩パンを買います。いつも行きますから、店員さんと友達になりました。

2.

男: わたしは日本の沖縄県がとてもすきです。みなさんは沖縄へ行ったことがありますか。沖縄は海がとてもきれいです。料理も美味しいです。人も優しいです。わたしは1年に5回沖縄へ行きます。春に1回、夏に1回、秋に2回、冬に1回です。秋はもう暑くないです。涼しくてとても気持ちがいいですよ。

3.

男: わたしは毎日学校へ行きます。土曜日も行きます。日曜日は行きません。土曜日は授業はありません。でも、クラブ活動があります。みんなで運動をします。わたしは野球クラブに入りましたから、野球をします。わたしの弟は、サッカークラブに入りました。毎日弟と一緒に学校へ行きます。

二、どのくらい～ましたか

（一）

1.

女：ワンさんは、日本語が上手ですね。

男：いえいえ。

女：どのくらい勉強しましたか。

男：うーん、3年くらいです。

女：どうりで、すごいです。

2.

女：佐藤さんはアメリカに留学していましたね。

男：ええ、そうですよ。

女：どのくらいいましたか。

男：うーん、2年くらいです。

女：長いですね。

3.

女：あっ、ワンさん、昨日ありがとうございました。お金を貸してくれて。

男：いいえ。どういたしまして。

女：お金をお返します。4000円でしたね。

男：急がなくてもいいですよ。4000円くらいは大丈夫です。

女：そんな、悪いです。

（二）

1.

女：さくら駅まで行きます。どうやって行くかというと、方法は3つあります。一つ目は、バスです。バスは30分かかります。お金は210円です。二つ目は電車です。15分かかります。お金は400円です。3つ目はタクシーです。5分かかります。お金は1200円です。

2.

男：わたしは中国人です。16歳から日本語の勉強を始めました。今は日本語が上手と言われます。ぺらぺらになりました。5年かかりました。ひらがなを覚えるのは一ヶ月かかりました。日本語は難しいです。

3.

女：日本へ旅行しました。日本旅行はお金が12万円ぐらいかかります。飛行機は5万円、ホテルは3万円、お土産は4万円かかりました。物価は高いです。でも、日本のものはとても良いです。飛行機もホテルもとてもきれいでした。

三、どちらが～ですか

（一）

1.

女：田中さん、ケーキとドーナツ、どちらが好きですか。

男：ケーキが好きです。

女：じゃ、これ、どうぞ。ドーナツはわたしが食べますね。

男：はい、ありがとうございます。

2.

男：僕、英語を勉強します。留学先はアメリカとイギリス、どちらがいいですか。

女：どちらもいいですが、佐々木さんはアメリカだと思います。

男：どうしてですか。

女：ハンバーガーが好きでしょう。

男：ああ、そうですね。

3.

女：赤い花と、青い花、どちらがきれいですか。

男：やっぱり青い花のほうがきれいですね。

女：そうですか。赤い花はダメですか。

男：ダメではありません。それもきれいですよ。でも、わたしは青い花が好きです。

女：わかりました。

（二）

1.

女：わたしは昨日、映画を見ました。怖い映画を見ました。面白い映画とか、悲しい映画とか、怖い映画とか、いろいろありますが、わたしは怖い映画が好きですから、怖い映画を見ました。

2.

男：わたしは中国から日本にきました。日本に来た時、日本にもぎょうざがあると知りまし

た。日本の餃子は中国の餃子と違います。日本の餃子は焼いて食べます。中国の餃子は茹でて食べます。わたしは、中国の餃子が美味しいと思います。

3.

男: うちに、犬がいます。うちの犬は白いです。ペットショップで買いました。ペットショップには黒い犬と白い犬がいました。わたしは白が好きです。ですから、白い犬を買いました。

四、～が欲しいです

(一)

1.

女: 田中さんは、今、何が欲しいですか。

男: 新しいパソコンです。今のパソコンは古いですから。リンさんは何が欲しいですか。

女: 新しいカバンですね。可愛いのが欲しいです。

男: そうですか。

2.

男: 今日はリンさんの誕生日ですね。おめでとうございます。

女: ありがとうございます。

男: プレゼントは何が欲しいですか。

女: 時計が欲しいです。

男: わかりました。買ってあげます。

3.

女: あのう、すみませんが、ペンはありますか。

男: ありますよ。何色ですか。

女: 赤色です。

男: はい、どうぞ。

女: ありがとうございます。

(二)

1.

女: わたしは今、日本語の教科書が欲しいです。

男: じゃ、ほしいなら、本屋で買いましょう。

女: ええ、でも、お金がありません。

男: 図書館にはたくさんありますよ。

女: 本当ですね。ありがとうございます。

2.

男: あのう、その辞書はいくらでしたか。

女: 1500円くらいでした。どうして値段を聞くんですか。

男: 今、辞書が欲しいです。でも、ちょっと高いですね。

女: じゃあ、私のを使ってください。

男: うれしい。ありがとうございます。

3.

女: 山田さん、卒業おめでとうございます。

男: ありがとうございます。

女: お祝いは何が欲しいですか。

男: じゃあ、格好いい靴がほしいです。

女: わかりました。

五、～たいです

(一)

1.

女: マイクさんはいつ国へ帰りますか。

男: 正月です。

女: 国で何がしたいですか。

男: お母さんの料理が食べたいです。

女: いいですね。

2.

女: ああ、眠いです。

男: 夕べは何時に寝ましたか。

女: 夜中の3時です。宿題をしました。

男: 遅かったですね。今、寝たいですか。

女: うーん、今はお風呂にはいりたいです。ゆっくりしたいですね。

男: そうですか。

3.

男: 今日は天気がいいですから、散歩へ行きたいです。

女: いいですね。お昼ご飯の後、行きますか。

男: ええ。

女：もみじ公園はどうですか。紅葉がきれいですよ。

男：いいですね。

（二）

1.

女：ああ、お腹がすきました。ラーメンが食べたいです。

男：わたしもです。仕事の後、行きますか。

女：ええ、ぜひ一緒に。

2.

男：明日、休みですね。どこか行きますか。

女：いいですよ。どこへ行きたいですか。

男：僕は海へ行きたいです。夏はやっぱり海の方がいいですね。

女：でも、わたしは山へ行きたいですが…。

男：じゃ、明日は海で、来週は山へ行きますか。

女：ええ。

3.

女：何の映画が見たいですか。

男：怖い映画が見たいです。

女：うーん、わたしは見たくないです。

男：じゃ、何が見たいですか。

女：この、恋愛の映画が見たいです。

男：それは、僕は見たくないですよ。

第十八课

一、～て～て～

（一）

1.

女：昨日は何をしましたか。

男：仕事をして、家に帰って、それからご飯を食べて寝ました。

女：そうですか。お酒は飲みませんでしたか。

男：ええ、飲みませんでした。

2.

男：明日は出張ですね。北京で何をしますか。

女：地方料理を食べて、仕事をして、ちょっと観光します。

男：いいですね。何を食べますか。

女：餃子が食べたいです。

3.

女：来週は日本旅行ですよ。日本で何をしますか。

男：寿司を食べて、ビールを飲んで、服を買いたいです。

女：いいですね。寿司、わたしも食べたいです。

男：楽しみですね。

女：ええ。

（二）

1.

女：わたしは昨日、仕事をしました。それから家

に帰って、ご飯を作って、映画を見ました。映画はとてもおもしろかったです。今日は仕事が休みですから、デパートへ行きたいです。

2.

男：わたしは先週、日本へ旅行しました。日本では、買い物をして、寿司を食べて、大阪城へ行きました。ホテルはとてもきれいでした。ベッドがとても良かったです。また、行きたいです。

3.

女：わたしは昨日、休みでした。朝10時に起きて、犬の散歩に行って、スーパーへ行って、家でお菓子を食べました。仕事がある日は朝6時に起きます。犬の散歩は夜に行きます。

二、～てから

（一）

1.

女：山田さん、この資料はどうしますか。

男：あ、それはコピーしてから部長にわたしてください。

女：じゃ、コピーしますね。

男：ありがとうございます。

2.

男：明日は旅行ですね。

女：ええ、楽しみです。今日は準備してから寝ます。

男：まだ準備が終わっていませんか。

女：ええ。毎日仕事が忙しいですから。

男：そうですか。

3.

男：夕飯、何を作りますか。

女：カレーですよ。

男：そうですか。じゃ、僕、野菜を切ります。

女：ありがとう。洗ってから、切りますよ。

男：はい、わかりました。

（二）

1.

女：わたしはいつも朝7時に起きます。朝、起きてからお湯を飲みます。お湯は健康に良いとお医者さんが言っていました。それから、近所を散歩します。朝の空気はとてもきれいです。

2.

男：わたしはいつも車で会社へ行きます。会社に着いてから、服を着替えます。うちの会社はスーツではありません。会社の制服があります。それから、コーヒーを飲みます。ゆっくり飲んで、それから仕事をします。

3.

女：わたしは今中国にいます。明日、日本へ帰ります。日本に帰ってから、おばあちゃんの家へ行きます。一緒にご飯を食べます。とてもたのしみです。明後日は、友達と会います。友達とデパートで買い物をします。

三、～ています

（一）

1.

男：リンさん、すみません、この資料をコピーしてください。

女：あとでいいですか。

男：あ、今、ご飯を食べていますね。あとでお願いします。

2.

女：もしもし、太郎さん、今何どこにいますか。

男：家ですよ。本を読んでいます。

女：あ、今日は仕事じゃないですか。

男：いいえ、休みです。

3.

女：みなさんはお酒、飲みますか。私は毎日飲みます。今も飲んでいます。ビールが一番好きですが、ワインも好きです。ワインは、チーズに合いますが、ケーキやフルーツにもいいですよ。

（二）

1.

女：田中さん、ちょっといいですか。

男：あっ、すみません、今はちょっと…。

女：何をしていますか。

男：部長の資料をコピーしています。

女：わかりました。

2.

女：もしもし、今何をしていますか。

男：あ、もしもし。今は家でテレビを見ていますよ。

女：一緒にご飯を食べますか。

男：いいですよ。どこへ行きますか。

女：駅前はどうですか。

男：いいですよ。

3.

男：あのう、それ、何をしていますか。

女：えっ？お弁当を食べていますよ。

男：お昼の時間はまだですよ。

女：そうですか。でも、もう12時ですよ。

男：うちの会社は1時からですよ。

女：そうですか。わかりました。すみません。

第十九课

一、～てください

（一）

1.

女: 部長、お疲れ様です。

男: ああ、お疲れ様です。

女: 何をしますか。

男: じゃ、会議の準備をしてください。

女: はい、わかりました。

2.

男: 今日は何をしますか。

女: 今日は家の掃除をします。

男: じゃ、手伝います。

女: ありがとうございます。じゃ、トイレの掃除をしてください。わたしはキッチンの掃除をしますから。

男: はい、わかりました。

3.

女: みなさん、明日はテストです。

男: 先生、明日は何時からテストですか。

女: 10時です。でも、準備がありますから、9時半に来てください。

男: はい、わかりました。

（二）

1.

女: もしもし、今どこにいますか。

男: 駅ですよ。

女: そうですか。わたし、まだ仕事がおわりませんから、8時に迎えにきてください。

男: いいですよ。じゃ、がんばってください。

2.

男: ちょっと、これを見てください。

女: 何ですか。

男: 僕の母の写真です。20歳の時の写真です。

女: 若くてきれいですね。

男: まあ、きれいでしょう。僕は母に似ていますよね。

女: そうですね。とても似ています。

3.

女: あっ、あのう、俳優の田中けんじさんですか。

男: そうです。

女: いつもテレビで見ています。

男: ありがとうございます。

女: このノートにサインをお願いできませんか。

男: はい、いいですよ。

二、～てみます

（一）

1.

女: 田中さん、駅前のケーキ屋を知っていますか。

男: いいえ、知りません。

女: とてもおいしいですよ。今度食べてみてください。

男: ありがとうございます。明日行ってみます。

2.

男: あれ、リンさん、何をしていますか。

女: ゲームです。

男: おもしろいですか。

女: ええ。やってみますか。

男: いいえ、僕は今から宿題をしますから。

女: そうですか。

3.

女: ミラさん、なにか良い教科書を紹介してください。

男: 何のですか。

女: 日本語の教科書です。

男: ああ、この「光星しょてん」がいいですよ。

女: 本当ですか。じゃ、買ってみます。

（二）

1.

女: みなさん、こんにちは。わたしはリンです。わたしは今中国で日本語の勉強をしています。将来、日本へ行きたいです。ですが、お

金がありません。中国にも日本料理屋があります。アルバイトをしたいです。明日、そこへ行ってみます。

2.

男: わたしは十年も英語の勉強をしています。でも、まだ試験は受けていません。試験が嫌いですから。でも、来月留学に行きたいですから、受けてみます。がんばります。

3.

女: みなさん、わたしは今、先生をしています。日本語の先生です。生徒はみんな外国人です。生徒のミンさんは、悩みがあります。明日、聞いてみます。日本語の先生は大変です。でも、楽しいです。これからも続けたいです。

三、～くて/～で

（一）

1.

女: あれ、田中さん、お茶を飲みませんね。

男: ああ。まだ飲めません。熱くて…。

女: 氷を入れますか。

男: ええ、一つお願いします。

2.

男: はあ、どうしましょう。

女: どうしましたか。そんなに悲しい顔をして。

男: 実は、お金がなくて。

女: ああ、そうですか。わたしもですよ。

3.

男: 優子さん、こんにちは。何かいいことでもあったんですか。幸せな顔をしていますね。

女: ええ。見てください。この花、綺麗でしょう。恋人からもらいました。

男: 本当にきれいですね。うらやましいですね。

（二）

1.

女: ワンさんはいつ結婚しましたか。

男: 去年です。今年、子供が生まれます。

女: そうですか。幸せでいいですね。

男: ええ。リンさんはいつ結婚しますか。

女: うーん、まだ、わかりません。

2.

女: ああ、悲しいです。

男: どうしましたか。

女: 好きなアニメの主人公が死んだんです。

男: そうですか。残念ですね。泣かないで。じゃ、このアニメはおもしろいですよ。見てください。

女: 本当ですか。見てみます。

3.

女: 田中さん、今日、一緒に食事をしませんか。

男: すみません。宿題が多くて…。行けません。

女: どれくらいありますか。

男: あと5ページです。2時間くらいかかります。

女: じゃ、待ちますよ。

男: 本当ですか。ありがとうございます。

第二十课

一、～ましょうか

（一）

1.

女: ああ、大変です。

2.

男: 今日、買い物に行きましょうか。

3.

女: もう、疲れましたよ。

（二）

1.

女: 田中さん、大丈夫ですか。手伝いましょうか。

男: えっ、何ですか。

女: その荷物、重いでしょう。

男: ああ、大丈夫ですよ。

女: そうですか。

2.

女: 明日、出張に行きます。

男：そうですか。頑張ってください。

女：初めてですから、ちょっと緊張です。

男：じゃ、一緒に行きましょうか。

女：いや、大丈夫です。1人でがんばります。

男：そうですか。

3.

男：ああ、どうしましょう。

女：何ですか。

男：中村さんが休みですから、資料がありません。

女：そうですか。中村さんに電話しましょうか。

男：ええ、お願いします。

二、～てもいいです/てもいいですか

（一）

1.

女：あのう、この本、誰のですか。

男：あ、それはわたしのです。

女：借りてもいいですか。

男：ええ、どうぞ。

2.

男：わあ、大きなケーキですね。

女：あ、それ、食べてもいいですよ。

男：誰が買ってきましたか。

女：部長です。みんなで食べてくださいと言っていました。

男：そうですか。じゃ、いただきます。

3.

女：田中さん、今から散歩に行きませんか。

男：いいですけど…、雨がふりそうですよ。

女：大丈夫です。30分くらいで帰りますから。

男：じゃ、行きましょうか。

（二）

1.

女：はじめまして。リンです。

男：あっ、初めまして。中村です。

女：よろしくお願いします。「なかむらちゃん」とよんでもいいですか。

男：ええ、いいですよ。

女：ありがとうございます。わたしのことを「りん」とよんでもいいです。

男：わかりました。

2.

男：すみません、これをください。

女：Tシャツ2着ですね。2000円です。

男：クレジットカードで払ってもいいですか。

女：いいですよ。

男：ありがとうございます。

3.

女：明日の誕生日会はどこでやりますか。

男：駅前のレストランです。

女：わかりました。ランさんも呼んでもいいですか。

男：いいですよ。僕はミラさんを呼びます。

女：いいですね。

三、～てはいけません

（一）

1.

女：あのう、すみません、ここでタバコを吸ってはいけませんよ。ここは駅ですから。

男：あっ、すみません。

女：あと、食べ物もだめですよ。気をつけてください。

男：わかりました。ありがとうございます。

2.

女：ああ、お腹が空きましたね。

男：ちょっと。映画館ですよ。大きな声はちょっと…。

女：あっ、ごめんなさい。

男：いえいえ。さっき買ったお菓子を食べますか。

女：ええ。すこしください。

3.

女：今日は大雨ですね。外は危ないですよ。

男：じゃ、遊んではいけませんね。家の中でいい

ですよ。

女: そうですね。外に行くのはダメですね。

（二）

1.

女: 映画、楽しみですね。

男: ええ。もう始まりますよ。

女: じゃ、写真を撮ってもいいですか。

男: あっ、映画館で写真を撮ってはいけませんよ。

女: そうですか。知りませんでした。

2.

男: 来週、日本へ行きます。

女: そうですか。旅行ですか。

男: ええ。日本でしてはいけないことがありますか。

女: ありますよ。電車で電話をしてはいけません。あと、ものを食べてはいけません。

男: そうですか。じゃ、友達と話してもいいですか。

女: 大きい声はだめです。小さい声で話してもいいです。

男: わかりました。

3.

男: あのう、席でタバコを吸ってもいいですか。

女: すみません、だめです。

男: じゃ、トイレへ行きます。

女: あっ、トイレでも吸ってはいけませんよ。外でおねがいします。

男: わかりました。入り口のところはいいですか。

女: はい。どうぞ。

男: ありがとうございます。

四、〜てしまいます（完了）

（一）

1.

女: 今日は佐藤さんが休みですから、佐藤さんの仕事をわたしたちがやります。

男: 何がありますか。

女: 会議の準備と、資料のコピーです。

男: じゃ、ぼくはコピーをやってしまいます。

女: じゃ、わたしは会議の準備をします。

2.

男: 夏休みの宿題はもうおわりましたか。

女: いいえ。

男: 夏休みはあと一週間ですよ。

女: ええ。明日までにやってしまいます。

男: がんばってください。

3.

女: 田中さん、仕事のあと、一緒にご飯を食べませんか。

男: いいですね。どこへ行きますか。

女: 駅前の寿司屋はどうですか。

男: お寿司、食べたいです。じゃ、仕事をやってしまいます。

女: わたしも、がんばります。

（二）

1.

女: ランさん、お皿を洗ってしまってから、こちらに持ってきてください。

男: はい、わかりました。

女: あ、すみません、コップも洗ってから持ってきてください。

男: コップはいいです。使いませんから。

女: そうですか。

2.

男: 週末はなにをしますか。

女: 北海道へ行ってスキーをします。

男: いいですね。わたしは週末も仕事をしますよ。

女: 仕事が多いですね。わたしは週末までにやってしまいますから。

男: すごいですね。わたしは週末仕事がありますから、遊ぶなんかできませんね。

3.

女: ちょっと、そこに空き缶を捨てちゃいまし

たね。

男: いや、捨てたんじゃなくて…

女: どういうことですか。

男: 実は、私は飲み切ったビールの缶を集めているんですよ。趣味として。

女: へえ、そうなんですか。

五、どうやって～ますか

(一)

1.

女: あのう、すみません、さく町はどうやって行きますか。

男: さくら町ですね、1番線の電車に乗ってください。もみじ駅で、3番線に乗り換えてください。

女: はい、わかりました。ありがとうございました。

2.

男: 今日の晩御飯は何ですか。

女: カレーですよ。

男: じゃ、手伝います。どうやって作りますか。

女: 野菜と肉を煮て、カレールーを入れます。野菜を切ってください。

男: はい、わかりました。

3.

女: 新しいパソコンが欲しいです。でも、高いです。

男: 僕のパソコンは安いですよ。インターネットで買いました。

女: どうやって買いますか。

男: クレジットカードがいりますよ。

(二)

1.

女: わたしは中国人です。日本語がわかります。日本語は難しいです。まず、ひらがなを勉強します。それから、カタカナを勉強します。そして、漢字を勉強します。たくさんありますから、とても大変です。でも、おもしろいです。わたしは、日本のドラマが好きですから、ドラマを見て勉強しました。これからも頑張ります。

2.

男: みなさん、こんにちは。ぼくは先週、韓国旅行をしました。とても楽しかったです。韓国まで、船で行きました。いつも、飛行機で行きますが、海が見たいと思いましたから、今回は船で行きました。韓国で焼肉を食べました。韓国の焼き肉は、おいしかったです。それから、韓国の友達に会いました。元気でした。よかったです。

3.

女: わたしは、イタリア人の友達がいます。わたしと彼女はフランスで会いました。わたしも、彼女も、フランス留学をしました。わたしは日本人です。彼女はイタリア人です。でも、わたしたちはフランス語で話します。わたしはイタリア語がわかりません。彼女は日本語がわかりません。でも、私たちはフランス語がわかります。ですから、フランス語でメールをして、電話します。とてもいい友達です。

综合练习二

1.

女: わたしは来年留学します。

男: そうですか。何を勉強しますか。

女: 日本で日本語を勉強します。

男: じゃ、頑張ってください。

2.

女: 昨日、何をしましたか。

男: 映画をみましたよ。

女: 家で?

男: いいえ、映画館で。夜8時まであいていますから。

女: そうですか。いいですね。

3.

男: もしもし、田中さん、今日は何時に会いますか。

女: えっと、今、まだ会社にいます。仕事がまだありますから、8時はどうですか。

男: いいですよ。僕は今喫茶店です。

女: じゃ、そこへ行きます。待っていてください。

男: はい、わかりました。

4.

男: リンさん、誕生日おめでとうございます。

女: ありがとうございます。

男: これ、プレゼントです。Tシャツです。

女: わあ、嬉しいです。去年は花をもらいましたよね。

男: ええ。気に入ってよかったです。

5.

男: あのう、スミスさん、ちょっといいですか。

女: ええ。何ですか、ランさん。

男: 辞書はありますか。

女: ありますよ。日本語と、英語があります。

男: 日本語の辞書を貸してくれますか。

女: ええ。どうぞ。

6.

女: 田中さんは料理ができますか。

男: いいえ、できません。でも、したいです。

女: じゃ、週末一緒にしましょうか。教えますよ。

男: 本当ですか。お願いします。

7.

女: 山田さんは何語がわかりますか。

男: 日本語と、中国語と、英語です。

女: すごいですね。今度、英語を教えてください。

男: いいですよ。

8.

女: ああ、眠いです。

男: 昨日、何時に寝ましたか。

女: 昨日は夜2時くらいです。

男: 遅いですね。何をしていましたか。

女: 部屋の掃除です。毎日忙しいですから、掃除をする時間もありません。

男: 大変ですね。

9.

女: いらっしゃいませ。

男: あのう、このパソコンをください。

女: はい、この白いパソコンですね。

男: あ、いえ、その隣の黒いのです。

女: あっ、すみません。こちらですね。

10.

男: 昨日は雨でしたが、今日はいい天気ですね。

女: ええ。散歩へ行きましょうか。

男: いいですね。明日はくもりですから、今日行きましょう。

女: ええ。

11.

女: 最近、引っ越しました。

男: どこにですか。

女: さくら公園のとなりです。

男: ああ、あそこ、鳥がたくさんいますよね。

女: ええ。とてもいいところですよ。

12.

女: 日本語は難しいですか。

男: はい、難しいです。漢字が一番難しいです。

女: そうですか。でも、中国語も漢字を使いますね。

男: ええ。でも、日本の漢字と中国語の漢字は違いますから。

女: そうですか。ひらがなとカタカナはどうですか。

男: それは大丈夫です。

13.

男: コンビニへ行きます。なにかいりますか。

女: お茶をお願いします。

男: え？コーラじゃないですか。

女: コーラが好きですが…、太りますから。

男: そうですか。わかりました。

14.

女: ランさんはダンスが上手ですね。

男: え?そうですか。でも、スミスさんは歌が上手ですよ。

女: 本当ですか。ありがとうございます。

男: 今度、一緒にカラオケへ行きましょう。

女: いいですね。

15.

女: 明日から、アメリカへ旅行に行きます。

男: いいですね。リンさんは英語がわかりますから、大丈夫ですよ。

女: ええ。ありがとうございます。でも、フランス語や韓国語はわかりません。

男: じゃ、僕が教えますよ。

女: 本当ですか。お願いします。

16.

女: 今日は晴れですね。よかったです。

男: そうですね。昨日と一昨日は雨でしたから。

女: ええ。でも、明日はまた雨ですよ。

男: そうですか。それは残念です。

17.

女: 今晩、一緒に食事に行きませんか。

男: すみません、今日はちょっと…。

女: なにかありますか。

男: 今日は母の誕生日ですから、実家へ帰ります。

女: そうですか。お母さんによろしくお伝えください。

18.

女: 昨日、祭りへ行きました。

男: そうですか。どうでしたか。

女: 食べ物がたくさんありました。

男: 人も多かったでしょう。

女: ええ、たくさんいました。でも、とても楽しかったですよ。

19.

女: すみません、チリソースはありますか。

男: ありますよ。2番目の棚の下から2段目にあります。

女: あ、ありました。どうも。

20.

女: もしもし、今どこにいますか。

男: 今は家ですよ。どうしましたか。

女: 今、学校から帰りたいですが、雨が降っています。迎えにきてくれませんか。

男: いいですよ。じゃ、15分ほど待ってください。

女: わかりました。

21.

女: 山田さん、一緒にお昼ご飯を食べましょう。

男: あっ、すみません。もう食べてしまいました。

女: そうですか。じゃ、わたし1人で行きます。

男: 何を食べますか。

女: うーん、ハンバーガーを食べたいです。

男: いいですね。

22.

女: ミンさん、ハンカチをあげます。何色のがいいですか。

男: 何色がありますか。

女: 白色と、黒色と、赤色と黄色がありますよ。

男: じゃ、黄色のをください。黄色が一番好きですから。

女: わかりました。どうぞ。

男: ありがとうございます。

23.

女: 明日、京都へ旅行します。

男: いいですね。僕は大阪へ行きますよ。

女: 近いですね。旅行ですか。

男: いいえ、出張です。

女: そうですか。頑張ってください。

24.

男: 来週はリンさんの誕生日ですね。

女: ええ、そうですよ。

男: プレゼント、何が欲しいですか。

女: そうですね…、ケーキがいいです。チョコレートの。

男: いいですよ。じゃ、来週買います。

25.

女: 明日から夏休みですね。

男: そうですね。僕は海へ行きたいです。

女: 海、いいですね。わたしは山へ行きたいです。いろいろな動物が見たいです。

男: それもいいですね。

26.

男: もう仕事が終わりますね。

女: ええ。すぐに家へ帰りたいです。

男: 家に帰って、何をしますか。

女: まずお風呂に入ります。それから、ご飯を食べます。

男: そうですか。僕はまずビールを飲みたいです。

27.

男: ああ、眠いです。昨日、あまり寝ていません。

女: なにをしていましたか。

男: 勉強です。来週、試験がありますから。

女: そうですか。偉いですね。頑張ってくださいね。

男: ありがとうございます。

28.

女: 田中さん、ちょっと。

男: え？何ですか。

女: 会社でお菓子を食べてはいけませんよ。

男: どうしてですか。

女: 汚れますから。食堂で食べてください。

男: わかりました。すみませんでした。

29.

男: もしもし、今、どこにいますか。

女: 今は京都にいますよ。

男: え？旅行ですか。

女: いいえ、実家に帰っています。実家は京都にありますから。

男: あ、そうでしたか。

30.

女: 田中さんはどうやって会社へ来ますか。

男: 車ですよ。便利ですから。

女: いいですね。わたしは車がありませんから、自転車です。

男: 大変ですね。

女: ええ、でも、運動できますから、いいですよ。

男: そうですか。

第二十一课

一、～までに

（一）

1.

女: 今日は何時に帰りますか。

男: 6時までに帰りたいです。

女: なにかありますか。

男: 妹とご飯を食べます。

女: そうですか。いいですね。

2.

男: これ、3時までにコピーしてください。

女: 何ですか。

男: 資料です。会議で使います。

女: そうですか。わかりました。会議は何時からですか。

男: 3時です。

3.

女: 先生、この宿題はいつまでに出しますか。

男: 来週の水曜日までに出さなければなりません。

女: わかりました。

男: たくさんありますが、頑張ってくださいね。

女: はい、ありがとうございます。

（二）

1.

女: みなさん、今日はテストを返します。来週、またテストがありますから、続けて復習してください。あと、この教科書を読んどいてください。明後日までに読んでくださいね。そ

れから、このプリントもよく読んでくだ
さい。

2.

男: わたしは今、仕事をしています。仕事の時間
は6時までですが、今はもう8時です。帰りた
いですが、この仕事は明日までにやってくだ
さいと言われましたから、まだ帰りません。
もう少し頑張ります。

3.

女: 今日はケーキを買ってきました。それから、
紅茶も買いました。でも、賞味期限がありま
すから、明後日までに食べてくださいと店員
さんが言っていました。母と妹が帰ったあ
と、一緒に食べたいです。とてもたのしみ
です。

二、～ので/なので

（一）

1.

女: 今日は散歩に行きますか。

男: いいえ、今日は疲れていますので行きま
せん。

女: でも、いい天気ですよ。

男: ええ。でも、行きません。

2.

男: お腹が空きました。ハンバーガーを食べま
しょうか。

女: いいえ、食べません、ダイエットなので…。

男: え？太っていませんよ。大丈夫ですよ。

女: いいえ、最近3キロ太りましたから。

男: そうですか。

3.

女: 今日は雨なので、車でスーパーへ行きましょ
うか。

男: そうですね。でも、午後から晴れますよ。

女: そうですか、じゃ、午後から歩いて行きま
しょうか。

男: うーん、でも、ものが多いので、車がいいで

すね。

女: そうですよね。

（二）

1.

女: わたしは小学生の時、アイドルになりたいと
思いました。ですから、ダンスと歌を習いま
した。でも、大変なのでやめました。今、ま
た習いたいです。今はアイドルになりたくな
いですが、ダンスと歌が好きなので、習いた
いと思っています。

2.

男: わたしは日本人です。中国で仕事をしていま
す。でも、中国語がわかりません。1人で買い
物ができませんので、来月から中国語を習い
ます。毎週土曜日朝9時からです。来週までに
宿題をします。大変ですが、がんばります。

3.

男: わたしは犬が大好きなので、犬がほしいで
す。でも、犬は大変です。毎日えさをやっ
て、世話をします。それは、とても大変で
す。それに、犬は毎日散歩に行きます。仕事
をしていますから、毎日散歩にいけません。
なので、犬はまだかいません。

三、趣味はなんですか/趣味は～です

（一）

1.

女: 山田さんの趣味は何ですか。

男: ええ、運転が好きです。中野さんは？

女: 私はダンスです。

男: へえ、すごいですね。

2.

女: 最近、料理が好きになりました。

男: そうですか。何を作りますか。

女: 日本料理です。

男: いいですね。僕はお菓子を作ることが好き
です。

女: へえ、いい趣味ですね。

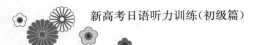
3.

女: 最近、映画を見ることが趣味です。

男: へえ。僕は音楽を聴くことですよ。

女: そうですか。写真じゃないですか。

男: 前は写真ですが、今は音楽です。

(二)

1.

女: 田中さんの趣味は何ですか。

男: 漫画ですね。いつも漫画を読んでいます。

女: そうですか。いいですね。

男: ええ。リンさんは?

女: 運動です。

2.

男: 山田さんはいつも本を読んでいますね。

女: ええ。趣味ですから。

男: そうですか。いいですね。わたしは本が好き
じゃありませんから。

女: じゃ、何が好きですか。

男: 野球です。

女: そうですか。

3.

女: 田中さんはいつ休みですか。

男: 来月まで休みはありません。

女: え?どうしてですか。疲れますよ。

男: 大丈夫ですよ。仕事が好きですから。

女: そうですか。すごいですね。

四、~ことができます

(一)

1.

女: ミラさんは何語ができますか。

男: 英語と、日本語と、イタリア語です。

女: すごいですね。

男: リンさんは、何語がわかりますか。

女: 中国語と日本語です。

男: リンさんもすごいですよ。

女: ありがとうございます。

2.

男: みてください。

女: 何ですか。この漫画。

男: 僕がかきました。

女: すごいですね。

男: ありがとうございます。

3.

男: 山田さんは、料理をすることができますか。

女: いいえ、できません。

男: じゃ、何ができますか。

女: 掃除をすることができます。

男: そうですか。

(二)

1.

女: わあ、立派な旅館ですね。

男: ここはお菓子が無料なんです。ワインもあり
ますよ。

女: へえ。全部無料ですか。

男: ええ。サービスです。

女: すごいサービスですね。

2.

女: 新しい車がほしいです。

男: 見てください。この車、かっこいいでしょう。

女: いいですね。

男: ええ。この車はキャンピングカーと言って、
生活ができる車ですよ。キッチンもあり
ます。

女: じゃ、お湯を沸かすことができますか。

男: ええ。どんな料理もできます。

女: すごいですね。

3.

女: ねえ、今度駅前にある新しい喫茶店に行きま
せんか。

男: いいですよ。料理がおいしいですか。

女: 友達はおいしいと言っていました。それに、
犬も一緒に入ることができますよ。犬の食事
のメニューもあります。

男: それはいいですね。

第二十二课

一、～まえに、～

（一）

1.

女：このお菓子、たべてもいいですか。

男：え、もうご飯ができますよ。

女：ああ、ご飯のまえに食べるのは良くないですね。

男：そうですね。

女：わかりました。

2.

男：見てください。免許証をとりました。

女：運転のですか。

男：ええ、そうです。

女：いいですね。でも、気をつけてください。運転の前にお酒を飲んではいけませんよ。

男：わかっていますよ。大丈夫です。

3.

女：この資料は何枚コピーしますか。

男：200枚お願いします。

女：わかりました。いつまでに渡しますか。

男：明日の会議のまえに僕にください。

女：わかりました。

（二）

1.

女：ランさん、まだ帰りませんか。

男：ええ。まだ仕事がありますから。

女：わたしは先に帰りますよ。

男：ええ。お疲れ様。

女：あ、帰るまえに電気を消してくださいね。

男：わかりました。

2.

男：さあ、走りましょうか。

女：ええ。走るまえに何をしますか。

男：水を少し飲みます。それから、足をのばします。

女：わかりました。

男：大変ですけど、頑張りましょう。

女：はい。

3.

男：ただいま。はあ、疲れました。

女：お疲れ様でした。ご飯を食べますか。

男：ええ。でも、ご飯を食べる前にお風呂に入ります。

女：わかりました。じゃ、どうぞ。

男：はい。

二、～ないでください

（一）

1.

女：あのう、すみません。

男：はい、何ですか。

女：お店の前でたばこを吸わないでください。

男：あっ、すみません。

2.

男：あ、ちょっと。

女：え？何ですか。

男：映画館でケータイを見ないでください。

女：どうしてですか。

男：周りの人の迷惑になりますから。

女：わかりました。

3.

男：お客様、ここに座らないでください。

女：え？どうしてですか。

男：ここは予約の席ですから。

女：そうですか。すみません。

（二）

1.

女：お客様、すみません。

男：はい、なんですか。

女：ちょっと、ここはレストランですよ。他にお客様もいますから、電話はちょっと…。

男：あ、すみません。外でします。

女：ご協力ありがとうございます。

2.

女: ここの雑貨、とってもかわいいですね！全部買いたいですよ！

男: あ、ちょっと。お客さんもいるから、静かに。

女: あ、すみません。

3.

男: リンさん、ちょっとパソコンを貸してください。

女: あ、すみません、パソコンは仕事で使っていますから…。

男: あ、そうですか。わかりました。ごめんなさい。

三、～なくてもいいです

（一）

1.

女: ああ、雨が降ってきましたね。

男: 本当ですね。傘がありません。どうしましょう。

女: あ、これ、どうぞ。わたし2本ありますから、使ってください。

男: えっ、いいですか。

女: ええ。返さなくてもいいですよ。

男: ありがとうございます。

2.

男: 今日はありがとうございました。とてもおいしかったです。

女: いえいえ。料理を食べてくれて嬉しいです。

男: じゃ、お皿を洗いますね。

女: いいえ、洗わなくてもいいですよ。

男: 本当にいいですか。すみません。

3.

女: すみません、これを送りたいですが。

男: わかりました。こちらに名前を書いてください。

女: はい。あ、電話番号も書きますか。

男: いいえ、それは書かなくてもいいです。でも、住所は書いてください。

女: はい、わかりました。

（二）

1.

女: わたしは優子です。日本人です。わたしは今、アメリカで生活しています。アメリカの文化は日本と全然違います。まず、ご飯を食べるときは「いただきます」を言わなくてもいいです。でも、わたしは言います。それから、家に入る時は靴を脱ぎません。日本と違いますから、わたしは驚きました。

2.

男: 今日から12月です。年末です。年末は仕事が休みですが、わたしは休まなくてもいいです。お金がほしいですから、もっと働きたいです。でも、会社が休みなので、わたしも休みます。

3.

女: わたしはレストランで働いています。レストランは「まかない」があります。「まかない」は、働いている人が食べてもいいレストランのご飯です。お金は払わなくてもいいです。わたしはまかないが食べたいので、レストランで働きました。毎日おいしいまかないがありますから、とても嬉しいです。

四、～なければなりません

（一）

1.

女: 田中さん、明日は5時に駅にきてください。それから、服はスーツを着てきてくださいね。遅れないでください。

男: はい、わかりました。

2.

男: リンさん、今日仕事のあと食事へ行きませんか。

女: すみません、今日は夕食を母と一緒に食べる約束がありますから。それから、妹を迎えに行かなければなりませんから、すみませ

んね。

男：ああ、そうですか。

3.

女：部長、この資料はいつまでにやらなければな りませんか。

男：これは明後日です。

女：じゃ、会議の準備はいつまでですか。

男：それは明日です。

女：わかりました。

（二）

1.

女：ここは東京駅です。日本の駅では、列を並べ なければなりません。一番前にいる人が最初 に電車に入ります。それから、ケータイをマ ナーモードにしなければなりません。

2.

男：今日はテストがあります。テストの時は、 ケータイの電源を切らなければなりません。 でも、僕はケータイを持っていませんから、 問題ありません。今度のテストはとても大切 です。絶対に合格しなければなりません、頑 張ります。

3.

女：友達には優しくしなければなりません。わた しが泣いている時、友達は飲み物を持ってき てくれました。それから、話を聞いてくれま した。その時、わたしは友達はとても良いと 思いました。わたしも友達に優しくしたい です。

五、〜で（て）（原因）

（一）

1.

女：今日は雨で運動会ができませんでした。で

も、来週の水曜日にやりますから、とても楽 しみです。

2.

男：今日は映画を見たいと思いました。でも、風 邪でずっと寝ていましたから、見られません でした。今は、まだ熱があります。夜まで寝 ます。

3.

女：昨日、ホテルに泊まりました。タクシーが無 くて、家に帰ることができませんでした。ホ テルは3000円でした。安かったです。でも、 温泉も朝ごはんもあります。また、泊まりた いです。

（二）

1.

女：昨日は大変でした。

男：どうしてですか。

女：仕事が忙しくて、ご飯を食べる時間がありま せんでした。

男：それは大変でしたね。お疲れ様でした。

女：ありがとうございます。

2.

女：お腹がすきましたね。何か食べますか。

男：いいえ、僕はいいです。

女：どうしてですか。

男：お腹が痛くて、何も食べたくないです。

女：大丈夫ですか。

3.

男：眠いです。

女：昨日は何時に寝ましたか。

男：夜中の2時です。

女：どうしてそんなに遅かったですか。

男：暑くて…。寝られませんでした。

女：そうですか。

第二十三课

一、〜過ぎて（ます形）

（一）

1.

女：今日は寒すぎて外に出たくないですね。

男: でも、学校へ行かなければなりませんよ。

女: そうですね。しょうがないですね。

男: ええ。我慢してくださいよ。

2.

男: 昨日、テレビを見すぎて目が痛くなりました。

女: 大丈夫ですか。わたしも、スマホを見すぎて目が痛くなりましたよ。

男: ずっと見るのは良くないですね。

女: ええ。これから気をつけましょう。

3.

女: ああ、頭が痛いです。

男: どうしましたか。

女: 昨日お酒を飲みすぎたんです。

男: そうですか。大丈夫ですか。お湯を飲みますか。

女: ええ、お願いします。

（二）

1.

女: このラーメンは、辛すぎて、食べることができません。

2.

男: 今日は疲れすぎて、仕事をしたくないです。

3.

男: 市場は人が多すぎて、行きたくないです。

二、～ながら

（一）

1.

男: ちょっと、優子。だめですよ。

女: えっ、何がですか。

男: 本を読みながら食べてはいけません。本は食べてからですよ。

女: あっ、すみません。

2.

女: ねえ、田中くん。ねえ。

男: あっ、ごめんなさい。音楽を聴いていましたから、聞こえませんでした。

女: 勉強しながら音楽を聴いていますか。

男: ええ。かえって集中できますからね。

3.

女: ランさん、次は何を飲みますか。

男: ビールをお願いします。

女: はい、わかりました。

男: 今日は楽しく飲みましょう。カラオケで歌いながらビールを飲むのは本当に良いです。

女: ええ。そうですね。あ、ポテトも注文しますか。

男: ええ、ポテトはありますか。

女: ありますよ。

（二）

1.

男: あれ？リンさん、最近痩せましたか。

女: ええ。ダイエットしていますから。

男: どんなダイエットですか。

女: 音楽を聴きながら走りました。

男: そうですか。いいですね。

2.

女: 昨日、本を読みながら寝ました。

男: えっ、大丈夫ですか。

女: ええ。でも、机で寝ましたから、首が痛かったです。

男: それは大変ですね。

3.

女: 昨日、楽しかったですね。

男: ええ。カラオケで歌いながらお酒を飲むのは初めてです。

女: ああ、そうでしたか。

男: ええ、また行きたいです。来週の金曜日はどうですか。

女: いいですよ、行きましょう。

三、～ほうがいいです

（一）

1.

女: もう眠いです。忙しくて、寝不足です。

男: 今日は早く寝たほうがいいですよ。

女: ええ、そうします。

2.

男: 先輩、この資料はどうしますか。

女: ああ、それは先に部長に見せたほうがいいですよ。

男: わかりました。

3.

女: 田中さん、まだスマホを見ていますか。

男: ああ、はい。スマホでアニメを見ています。

女: ちょっと休んだほうがいいですよ。目が痛くなりますよ。

男: はい、わかりました。

（二）

1.

女: 何を飲みますか。

男: じゃ、ビールをお願いします。

女: いや、お酒は飲まないほうがいいですよ。明日も仕事ですから。

男: そうですね。じゃ、コーラにします。

2.

男: このノート、誰のですか。

女: あっ、それは触らないほうがいいですよ。

男: えっ、どうしてですか。

女: 先生のですから。

男: あっ、そうですか。

3.

女: ダイエットですから、朝ごはんは食べません。晩ご飯だけ食べます。

男: だめですよ。朝はもっと食べたほうがいいです。夜は、食べないほうがいいです。

女: そうですか。じゃ、そうします。

四、～後で

（一）

1.

女: 太郎さん、ご飯ですよ。

男: あっ、ちょっと待ってください。仕事をした後で食べますから。

女: じゃ、わたしは先に食べますよ。

男: はい。どうぞお先に。

2.

男: リンさんは、いつ運動をしていますか。

女: 仕事の後でしていますよ。

男: そうですか。疲れますよね。

女: 疲れますが、気持ちがいいですよ。

男: いいですね。

3.

女: 今日はケーキを買ってきましたよ。

男: 本当ですか。じゃ、ご飯のあとで食べますか。

女: ええ、そうしましょう。飲み物は何がいいですか。

男: 紅茶にします。

女: いいですね。

（二）

1.

女: 今日は運動会があります。運動会は朝9時から午後3時までです。運動会の後で、食事会があります。みんなでご飯を食べます。食事会の後で、カラオケ大会があります。みんなで歌を歌います。とても楽しみです。

2.

男: わたしは昨日彼女と水族館へ行きました。きれいな魚がたくさんいました。水族館に行った後で、レストランへ行きました。レストランでフランス料理を食べました。とてもおいしかったです。そのあとで、家に帰りました。とても楽しい一日でした。

3.

女: 来週は試験があります。テストは難しいそうですが、頑張ります。試験の後で、友達と遊園地に行きます。ずっと行きたかったので、とても楽しみです。遊園地に行った後、温泉へ行きます。日本の温泉は初めてですから、とても期待しています。

第二十四课

一、～たり～たり～

（一）

1.

女: 昨日は友達のスミスさんと遊びました。昼に、映画を見たり、写真を撮ったり、ご飯を食べたりしました。夜は東京タワーを見たり、レストランで食事をしたりしました。とても楽しかったです。

2.

男: わたしはやりたいことがたくさんあります。まず、日本へ留学したいです。日本で日本語を勉強したり、日本の友達と遊んだり、日本のご飯を食べたりしたいです。そのために、今はアルバイトでお金をためています。がんばります。

3.

男: わたしは先週、とても忙しかったです。仕事をしたり、会議に参加したり、出張したり、ずっと仕事をしていました。今週は仕事があまりありませんから、ゆっくりできると思います。

（二）

1.

女: 田中さんは週末何をしていますか。

男: 子供と遊んだり、釣りをしたりします。

女: 釣りは海ですか。

男: いいえ、川です。

2.

男: 山田さんは何が好きですか。

女: わたしは電車が好きです。

男: 乗るのがすきですか。

女: 乗ったり、見たり、写真を撮るのが好きです。

男: そうですか。

3.

女: いつも仕事のあと何をしていますか。

男: 家でテレビを見たり、ビールを飲んだりしています。

女: いいですね。

男: あなたは何をしていますか。

女: お風呂に入ったり、日記を書いたりしています。

男: そうですか。

二、～く/～になります/なりました

（一）

1.

女: もう春ですね。

男: ええ、暖かくなりました。

女: でも、すぐに暑くなりますよ。

男: そうですね。春は短いです。

2.

女: あれ、こちらはお嬢さんですか。

男: そうです。

女: へえ、おいくつですか。

男: 息子より3歳上で、今年、11歳です。

3.

女: もう暗くなりましたね。

男: そうですね。今、何時ですか。

女: 6時です。

男: 仕事が終わるまであと1時間ですね。

女: ええ、頑張りましょう。

（二）

1.

女: りんごを切ってから、5分くらいおきます。どうなりますか。

男: 茶色になります。

女: そうです。

2.

女: わたしは1人でいるのが好きです。食事も、旅行も、1人で行きます。でも、ずっと1人は、寂しくなります。ですから、たまに友達と会います。でも、毎日は嫌になりますから、週に2回友達に会います。

3.

男: みなさん、こんにちは。わたしはマイクです。わたしはアメリカから日本へ来ました。今は東京に住んでいます。日本での生活は楽しいです。でも、たまに悲しくなります。家族がいませんから。ですから、わたしは半年に一回アメリカへ帰ります。

三、～と言いました/何といいましたか

（一）

1.

女: 田中さん、あの資料はできましたか。

男: えっ?いいえ。作っていません。

女: え?部長が作ってくださいと言いましたよ。

男: そうでしたか。すみません、忘れていました。今します。

女: おねがいします。

2.

女: 先生、テストはいつからですか。

男: 来週の木曜日からですよ。

女: 英語のテストは何曜日ですか。

男: 金曜日です。11時からですよ。

女: はい、わかりました。

3.

男: 田中さん、来てください。

女: え?何ですか。

男: このケーキ、社長が食べていいと言っていました。一緒に食べましょう。

女: いいですね。じゃ、紅茶を入れますね。

男: はい、お願いします。

（二）

1.

女: わたしは日本から中国へ来ました。中国へ来たのは半年前です。初めて中国に来た時は、中国語が全然わかりませんでした。でも、今は少しわかります。スーパーで買い物ができます。これからも、もっとがんばります。

2.

男: 昨日、仕事がとても忙しかったです。いつもは6時に仕事が終わりますが、昨日は8時におわりました。仕事が終わってから、後輩とラーメン屋へ行きました。ビールを飲みながらラーメンを食べました。それから、家へ帰りました。

3.

女: わたしは今、ケーキが食べたいです。でも、今はダイエットをしていますから、食べてはいけません。ダイエットは先月から始めました。今、もう3キロ痩せました。三ヶ月後に友達の結婚式があります。その日までにあと2キロ痩せたいです。頑張ります。

四、～と思いました/どう思いますか

（一）

1.

女: さっき、太郎ちゃんと花子ちゃんが喧嘩していたのを見ましたか。

男: ええ、見ました。

女: どう思いましたか。

男: 花子ちゃんが悪いと思いました。花子ちゃんが田中さんのパンを食べましたから。

女: そうですね。

2.

女: わあ、花火ですよ。きれいですね。

男: うーん、そうですか。

女: きれいじゃないですか。どう思いますか。

男: 火が危ないと思います。

女: そうですか。

3.

男: あのう、この作文はどう思いますか。

女: うーん、量が少ないと思います。もっとたくさん書いたほうがいいですよ。

男: そうですか。あとはどうですか。

女: 漢字はたくさん書いていますから、いいと思いますよ。

男：ありがとうございます。

（二）

1.

女：わたしは先週、沖縄へ行きました。沖縄は、日本の南の島です。沖縄の海は本当にきれいです。それから、沖縄には電車がありません。ですから、タクシーがたくさんあります。いつでもタクシーに乗ることができるので、夜中まで遊ぶ人が多いです。とても不思議です。

2.

男：わたしは小学生のときから日本語の勉強をし

ています。最初は勉強を始めた時は、日本語がすきじゃありませんでした。漢字が難しいですから、勉強がいやでした。でも、今は日本のアニメが好きですから、日本語の勉強も好きです。もっと勉強したいです。

3.

女：わたしは1人で住みたいです。わたしは今、家族と一緒に住んでいます。毎日お母さんとお父さんと妹と弟とにぎやかな生活をしています。でも、1人で静かに過ごしたいと思います。ですから、わたしはアルバイトを頑張って、1人で住む準備をします。

第二十五课

一、普通体と丁寧体

1.

女：コーヒーと紅茶、どっちがいい？

男：あ、紅茶をお願いします。

2.

女：あのう、この資料はどこに置きますか。

男：ここにおいてね。

3.

男：晩ご飯は、何を食べる？

女：ラーメンが食べたいです。

二、普通体会話（友達）

1.

女：見て、この写真。

男：わあ、きれいだね。どこで撮ったの。

女：北海道だよ。雪がとても綺麗だったよ。

男：いいね。僕も行きたいな。

2.

男：今日は何をする？

女：今日はデパートに行きたいの。

男：何をするの。

女：服と、鞄を買いたい。今度旅行へ行くの。

男：そう？いいね。

3.

女：太郎さん、誕生日おめでとう。

男：わあ、ありがとう。

女：23歳だね。今年は何がしたいの。

男：そうだね。新しい仕事をしたいな。

女：いいね。

三、普通体会話（家族）

1.

女：お父さん、ちょっとスーパーへ行きたいけど。

男：いいよ。車で行く？

女：うん。運転をお願い。

男：いいよ。

2.

女：太郎、これは何。

男：ああ、お母さん。それはテストだよ。

女：40点は良くないわね。もっと勉強したほうがいいよ。

男：うん、わかったよ。

3.

女：お父さんは、明日仕事がある？

男：あるよ。どうしたの。

女：遊園地に行きたいと思うけど。

男：ああ、ごめん。お母さんと行ってね。

女：うん、わかった。

四、丁寧体会話（上司）

1.

女：ランさん、この資料をコピーして。

男：はい、わかりました。何枚ですか。

女：100枚ね。

男：はい。

2.

女：部長、会議は何時からですか。

男：ああ、2時だよ。

女：なにか準備するものはありますか。

男：お茶を10杯用意して。

女：はい、わかりました。

3.

男：あのう、社長、すみません。次の出張はいつですか。

女：ああ、えっと、来週の月曜日ね。忘れないでね。

男：はい、わかりました。

第二十六课

一、～でしょう？

（一）

1.

女：今日は疲れているでしょう？

男：え？どうして。

女：仕事が忙しいと言ったじゃない。

男：ああ、大丈夫だよ。じゃ、映画を見に行く？

女：本当にいいの？

男：うん、大丈夫だよ。

2.

男：あのう、先輩、今日は何をしますか。

女：今日は忙しくないでしょう？お客さんが来るまで、休んでいいよ。

男：本当ですか。ありがとうございます。

女：いいえ。そこにあるコーヒーを飲んでもいいよ。

3.

女：こんにちは。娘さんですか。

男：こんにちは。そうだよ。娘のゆうこ。

女：久しぶりですね。

男：大きくなったでしょう？もう10歳だよ。あなたが前会ったのは、いつだったかな。

女：三年前だと思いますよ。

（二）

1.

女：ケーキをどうぞ。

男：わあ、ありがとう。でも、これ高かったでしょう？

女：いいえ、今日はセールでしたよ。一つ150円です。

男：本当。いつもは一つ400円だよ。

2.

男：はあ、今日は忙しいですね。

女：日曜日は大変でしょう？お客さんが多いね。

男：ええ。でも、服を買ってくれる人が多いので、嬉しいです。

女：そうね。頑張りましょうか。

男：ええ。

3.

男：この漫画、見た？

女：あっ、見たよ。

男：これ、おもしろいでしょう？

女：ええ。でも、まだ全部読んでいないわ。

男：じゃ、これ貸すよ。

女：本当？ありがとう。

二、文～物

1.

女：昨日、久しぶりにデパートへ行って、服を買いました。

男：そうですか。どんな服を買いましたか。

女：白い服です。リボンが付いていて、かわいいですよ。

男：そうですか。いいですね。僕も服を買いたいです。

2.

男：最近、引っ越しました。

女：そうですか。どんなところへ引っ越ししましたか。

男：公園から近いマンションですよ。車が少ないですから、朝はとても静かです。

女：そうですか。いいですね。

3.

女：今日、仕事の後で一緒にデパートへ行きましょう。

男：すみません、今日はちょっと…。

女：えっ、何かありますか。

男：ええ、部長と食事をします。ですから、すみません。

女：そうですか。わかりました。

三、文～人

1.

女：今教室にいるのは誰ですか。

男：山田さんですよ。

女：山田さんは何をしていますか。

男：宿題ですよ。昨日、宿題を忘れたと言っていましたから、今やっています。

女：そうですか。

2.

男：リンさん、家族は何人いますか。

女：4人です。

男：そうですか。みんな、何をしていますか。

女：お父さんは会社員、お母さんはコンビニの店員です。妹は高校生です。

男：へえ。妹さんがいましたか。

3.

女：ランさんは中国で何をしていましたか。

男：おばあちゃんの店を手伝っていました。

女：おばあちゃんは何の店をしていましたか。

男：ラーメン屋ですよ。おいしいですよ。

女：へえ、行きたいです。

四、～があります（時間）

（一）

1.

女：田中さん、今日一緒にご飯を食べに行きませんか。

男：あっ、すみません。今日は約束があります。

女：そうですか。じゃ、来週はどうですか。

男：来週は時間がありますから、大丈夫ですよ。

2.

女：部長、今日はさくら株式会社の社長さんと会う約束がありますから、今から行きます。

男：あっ、それ、僕も行くよ。

女：わかりました。タクシーで行きますか、電車で行きますか。

男：タクシーで行きましょう。早いですから。

女：わかりました。予約します。

3.

男：今からどうしますか。

女：そうですね…、映画が見たいです。

男：そんな時間はありませんよ。あと2時間で帰らなければなりませんから。

女：じゃ、喫茶店でコーヒーを飲みましょう。

男：いいですね。

（二）

女：明日は、田中さんと一緒に山へ行きます。今は11月ですから、紅葉がとても綺麗だと聞きました。わたしは日本に来てから半年が経ちましたが、まだ紅葉をみていません。桜は見ました。桜は本当にきれいでした。ですから、紅葉を見るのがとても楽しみです。紅葉を見たあと、横浜へ行きます。横浜は東京のとなりにあります。田中さんは横浜にはたくさんおいしいものがあると言いました。それから、景色がとてもきれいだと言いました。明日の夜は、きれいな景色を見ながらご飯を食べます。とても楽しみです。

第二十七课

一、～とき～ます/ました

（一）

1.

女：山田さんはタバコを吸いますか。

男：ええ。吸いますよ。

女：普段、いつ吸いますか。

男：ご飯を食べた後に吸いたくなりますね。その時に吸います。

女：へえ、そうですか。

2.

男：寝ている時、どんな夢を見ますか。

女：うーん、空を飛んでいる夢をよく見ますよ。

男：そうですか。ぼくは、有名人になる夢をみます。

女：へえ、それはおもしろそうですね。

3.

女：最近は、どんな時が一番たのしいですか。

男：そうですね…、やっぱり、歌を歌っている時ですね。

女：そうですか。

男：リンさんは、どんな時が一番たのしいですか。

女：わたしは友達と話している時ですね。

男：へえ、いいですね。

（二）

男：ぼくは日本に留学しています。日本で日本語を勉強しています。日本に来てから、今はもう一年が経ちました。一年間、僕は国へ帰っていません。家族に会いたいです。ぼくはコンビニでアルバイトをしていますが、家族で来るお客さんを見た時、家族に会いたいと思います。でも、留学はあと二ヶ月で終わりますから、もう少し頑張りたいです。家族に会いたくなった時は、同じ国の友達と食事をします。国の話をしながらご飯を食べると、とても落ち着きます。

二、～と、～

（一）

1.

女：あのう、この瓶、どうやって開けるかわかりますか。

男：ええ。これは、蓋を外すと、いいですよ。

女：あ、本当ですね。ありがとうございます。

2.

男：ああ、痩せたいです。

女：太りましたか。

男：そうです。5キロくらい太りました。

女：そうですか。毎日朝走るといいですよ。

男：そうですか。じゃ、がんばりますか。

3.

女：ミンさんは英語がわかりますよね。

男：ええ。勉強しましたから。

女：どうやって勉強していますか。

男：毎日英語の音楽を聴くといいですよ。

女：わかりました。明日からやります。

（二）

男：わたしは中国人です。今日本で会社員をしています。日本の生活はとても好きです。日本のご飯は美味しいです。それから、日本の交通はとても便利です。日本はとても素晴らしいですから、大好きです。でも、中国にいる母と電話をすると、中国へ帰りたくなります。中国へ帰りたくなった時は、仕事を休んで中国へ帰ります。わたしの会社は自由です。本当によかったです。

三、～と、～があります

（一）

1.

女：先輩、コピーの紙がなくなりました。どこにありますか。

男：棚の3番目の扉を開けると、箱があります。その中にありますよ。

女：あっ、ありました。ありがとうございます。

2.

男：あのう、駅はどこにありますか。

女：さくら駅ですか、みつぼし駅ですか。

男：さくら駅です。

女：そこの道をまっすぐ行って、2番目の信号を曲がるとありますよ。

男：わかりました。ありがとうございます。

3.

女：明日、田中さんのうちへ行きたいです。

男：ええ、いいですよ。場所、わかりますか。

女：えっと、バス停からどうやって行きますか。

男：左へ行って、コンビニを右へ曲がるとありますよ。

女：わかりました。

（二）

女：はあ、今日はたくさん食べましたね。

男：そうですね。あ、まだお肉がありますよ。

女：いいえ、もうお腹いっぱいですから、いりません。

男：そうですか。これを全部食べると、アイスがありますよ。

女：いいえ、結構です。

男：じゃ、僕が食べます。

女：ええ。あ、田中さん、先週の出張はどうでしたか。

男：大阪出張ですね。よかったですよ。仕事のあと、部長とおいしいラーメンを食べました。

女：大阪でラーメンですか。

男：ええ、部長と一緒に出張へ行くと、いつもラーメンを食べます。

女：そうでしたか。わたしは大阪でたこ焼きが食べたいです。

男：おいしいですよね。でも、今回は食べませんでした。

女：そうですか。

四、～てあります

（一）

1.

女：会議で使う資料、作りましたか。

男：ええ、もう書きました。コピーもしてあります。

女：ありがとうございます。会議室に持って行ってくれますか。

男：わかりました。

2.

男：ああ、お腹がすいた。なにかある？

女：ええ。チャーハンが作ってあるよ。食べる？

男：うん。ほかにはなにかある？

女：ああ、味噌汁があるわ。

男：じゃ、それもおねがい。

3.

女：トイレはどこかしら。

男：わからないな。あっ、あそこに地図があるよ。

女：本当だ。右の方にあると書いてあるね。

男：じゃ、行こうか。

女：ええ。

（二）

男：リンさん、ここにお土産のクッキーが置いてありますから、食べてくださいね。

女：わあ、ありがとうございます。でも、どこのお土産ですか。

男：北海道ですよ。先週の木曜日、旅行しました。

女：そうでしたか。北海道で何をしましたか。

男：スキーをしました。北海道の雪は本当にきれいでしたよ。

女：ええ。いいですね。なにを食べましたか。

男：寿司です。魚もおいしかったですよ。あと、ケーキもおいしかったです。

女：ケーキですか。

男：ええ。北海道はデザートもおいしいですから。

女: なんでもおいしかったですね。いきたいです。
男: ええ、おすすめですよ。

第二十八课

一、〜まま

（一）

1.
女: ちょっと、風邪を引きました。
男: 大丈夫ですか。どうしてですか。
女: 窓を開けたまま寝ましたから。
男: それはよくないですね。もう秋ですから、だんだん寒くなりますよ。

2.
女: おはようございます。あれっ、田中さん早いですね。
男: ああ、昨日会社で寝ましたから…。
女: え！どうしてですか。
男: 残業して、椅子に座ったまま寝ました。それで、さっき起きました。
女: 大丈夫ですか。
男: ええ、大丈夫です。

3.
女: あれ？太郎さんは？
男: それが、外に出たまま帰って来ません。
女: えっ、どこへ行きましたか。
男: コンビニだと思いますが…。
女: じゃ、探しにいきます。
男: ええ、僕もいきます。

（二）
男: もしもし、リンさん、今どこにいますか。
女: 今は駅にいますよ。
男: 何時に戻りますか。
女: 今からさくら会社の部長とレストランでご飯を食べますから、2時くらいに戻ります。
男: そうですか。あのう、会社のパソコンはリンさんが持ったままですよね。
女: ええ、そうですよ。
男: 今、必要な資料がありますから、送ってください。いいですか。

女: はい、わかりました。メールでいいですか。
男: はい、お願いします。1時からの会議で使いますから、お願いします。
女: わかりました。じゃ、10分待ってください。
男: はい。

二、〜がします

（一）

1.
女: 何かいいにおいがしますね。
男: 本当ですね。焼肉の匂いですね。
女: いいですね。食べたいです。
男: じゃ、今から食べにいきますか。
女: ええ、行きましょう。

2.
男: あれ？何か声がしますね。
女: えっ、何の声ですか。
男: 赤ちゃんの声がしますよ。どこですか。
女: ああ、あそこに赤ちゃんがいますね。ほら、女の人と一緒に。
男: ああ、本当ですね。驚きました。

3.
男: スミスさん、このお菓子をどうぞ。
女: いただきます。あっ、これはコーヒーの味がしますね。
男: コーヒークッキーです。
女: おいしいです。ありがとうございます。
男: いいえ、どういたしまして。

（二）
女: あのう、田中さん、これちょっと見てください。
男: 何ですか。
女: パソコンから変な音がします。
男: 本当ですね。ちょっと、壊れているようですね。

女: どうしますか。

男: 修理会社の人に電話しましょうか。

女: そうですね。電話番号はわかりますか。わたしが電話します。

男: えっと、08-4567-8888です。

女: わかりました。いつ修理しますか。

男: 今日はだめですか。

女: 今日は休みです。

男: じゃ、明日か明後日、お願いします。

三、～てきます/～ていきます

（一）

1.

女: 部長、すみません、今日はもう帰ってもいいですか。

男: どうしましたか。

女: お腹が痛いですから、病院へ行ってきます。

男: わかりました。

2.

男: じゃ、いきましょうか。

女: あっ、ちょっとコンビニへ寄っていきます。

男: 何を買いますか。

女: コーヒーを買います。

男: じゃ、僕のジュースも一緒に買ってください。

女: いいですよ。

3.

女: もしもし、田中さん、今家にいますか。

男: ええ。どうしましたか。

女: 明日の授業でパソコンが必要です。持っていますか。

男: ええ。ありますよ。明日持っていきます。

女: ありがとうございます。

（二）

女: ランさん、どうしましたか。

男: 実は、お腹が痛いです。

女: え！大丈夫ですか。薬はありますか。

男: いいえ、ありません。

女: 買ってきますよ。

男: いいですか。ありがとうございます。

女: 他になにかほしいものはありますか。

男: お水をお願いします。お金は、2000円で大丈夫ですか。

女: 大丈夫ですよ。じゃ、10分くらいで戻りますから、待っていてください。

男: わかりました。すみません。

女: いいえ、いいですよ。

第二十九課

一、～をくれました

（一）

1.

女: あれ、その鞄、いいですね。買いましたか。

男: いいえ、父がこれをくれました。

女: そうですか。誕生日プレゼントですか。

男: はい。先週誕生日でしたから。

女: いいですね。

2.

男: 見てください、これ、リンさんがくれましたよ。

女: わあ、まんじゅうですか。

男: ええ。中国のものと言っていました。昨日国へ帰ったそうです。

女: そうですか。じゃ、食べましょう。

男: ええ。お茶の準備をします。

3.

女: 太郎くん、おはよう。

男: あ、おはよう。これ、あげるね。

女: なに、これ。

男: クッキーだよ。お母さんがこれをくれたの。みんなで食べてと言っていたよ。

女: あ、本当。じゃ、いただきます。ありがとう。

（二）

女: 山田さん、明日、空いていますか。

男: えっ、何ですか。

女: 友達のランさんが映画のチケットをくれました。一緒に見にいきましょうよ。

男：えっと、何時のチケットですか。

女：午後2時です。

男：ああ、すみません。明日は午後から用事があります。午前中は大丈夫ですが…。

女：そうですか。

男：そのチケットは、明日だけですか。他の日はだめですか。

女：明日だけです。

男：そうですか。じゃ、マイクさんはどうですか。明日、休みと言っていましたよ。

女：本当ですか。じゃ、聞きます。

男：ええ。

二、～てもらいました

（一）

1.

女：おはようございます。あれっ、田中さん、今日の髪型、いいですね。

男：ああ、ありがとうございます。これは、奥さんにやってもらいました。

女：いいですね。優しい奥さんですね。

男：ありがとうございます。

2.

女：昨日パソコンが壊れたと言っていましたが、直りましたか。

男：ええ、もう大丈夫ですよ。

女：誰が直しましたか。

男：スミスさんに直してもらいました。彼は修理が上手ですから。

女：そうですか。よかったです。

3.

男：もしもし、先輩、今日は休みたいです。

女：あら、どうしたの。

男：風邪を引きました。医者にみてもらいますから、休みたいです。いいですか。

女：ええ。わかりました。じゃ、お大事に。

男：ありがとうございます。

（二）

女：おはようございます。

男：おはようございます。あ、その鞄、新しいものですか。

女：ええ。昨日、彼に買ってもらいました。

男：いいですね。リンさんの彼は優しいですね。

女：ええ。でも、いつもは優しいものじゃないですよ。

男：え？そうですか。

女：ええ。料理と掃除をするのはわたしです。洗濯も、いつもはわたしがします。土曜日だけ、彼がしますが…。

男：彼は料理や掃除をしませんか。

女：ええ。彼がやるときはありません。

男：それは良くないですね。

女：ですから、鞄や、服や、靴を買ってもらいます。鞄は高いので自分で買いませんから。

男：そうですね。それがいいです。

三、～てくれました

（一）

1.

女：あれっ、ランさん、ここにあったゴミ、知りませんか。

男：ああ、マイクさんが捨ててくれましたよ。

女：え！本当ですか。マイクさんにお礼を言いにいきます。

男：ええ、わかりました。

2.

女：田中さん、食事の時間ですよ。一緒に食堂へいきましょう。

男：あ、すみません。今日はお弁当があります。

女：えっ、自分で作りましたか。

男：いいえ、母が作ってくれました。

女：そうですか。いいですね。じゃ、わたしは食堂へいきます。

男：いってらっしゃい。

3.

男: いただきます。…あっ、これ、ピーマンが入っていますね。

女: ええ。好きじゃないですか。

男: ええ。あのう、食べてくれますか。お願いします。

女: 好き嫌いは良くないですよ。

男: うーん、そうですね。じゃ、頑張って食べます。

(二)

女: 明日から東京に行きますが、なにが要りますか。

男: ペンとノートですね。

女: え?どうしてですか。なにか書きますか。

男: ええ、東京はアイドルやモデルなど、芸能人がたくさんいるところですよ。

女: あ、街を歩いていますか。

男: ええ。その時、ノートとペンでサインを書いてくれますよ。

女: 本当ですか。でも、迷惑じゃないですか。

男: うーん、そうですね…。じゃ、サインしてくれますかと聞きましょう。

女: そうですね。じゃ、持っていきましょうか。

男: ええ。

第三十课

一、(もし)~たら~

(一)

1.

女: 田中さん、もし暇だったら手伝ってくれますか。

男: 何ですか。

女: このコーヒーを、社長の部屋へ持って行ってください。

男: はい、わかりました。お菓子はどうしますか。

女: いりません。

2.

男: ああ、疲れましたね。

女: ええ。でも、明日は水曜日ですから、明日も仕事ですよ。

男: そうですね。もし今日が金曜日だったらいいのに。

女: 本当ですね。そしたら、明日は休みです。

3.

女: もし、お金がたくさんあったらどうしますか。

男: うーん、車を買いたいです。

女: 今、車を持っていませんか。

男: ありますけど、小さいです。もっと大きいのが欲しいです。

女: いいですね。わたしは家を買いたいです。

(二)

女: 田中さんは、宝くじを知っていますか。

男: ええ。当たったら、お金をもらいます。

女: そうです。もし、宝くじが当たったらどうしますか。

男: そうですね。母に新しい服をたくさん買ってあげます。

女: いいですね。

男: ええ。うちは昔からお金がありませんでしたから、母はいつも同じ服を何年も着ていました。

女: そうですか。

男: リンさんは、なにがしたいですか。

女: わたしは貯金します。将来、お金がなくなったら大変ですから。

男: 何も買いませんか。

女: ええ。将来、なにかしたくなったら、使います。

二、~たら、~てください

(一)

1.

女: マイクさん、仕事は終わりましたか。

男: いいえ、まだ終わりません。先に帰ってくだ

さい。

女： わかりました。じゃ、仕事が終わったら、エアコンを消して帰ってくださいね。

男： はい、わかりました。

2.

男： 貯金が200万円貯まったら、車を買いたいです。

女： いいですね。今はいくらですか。

男： まだ100万円もないですよ。

女： そうですか。じゃ、車を買ったら、乗せてくださいね。

男： ええ、もちろんいいですよ。

3.

女： ちょっと、さっきご飯を食べたのは、太郎？

男： ああ、お母さん。そうだよ。どうしたの。

女： ご飯を食べたら、お皿を洗ってください。

男： あっ、ごめん。忘れていた。

女： だめよ、気をつけてね。

男： はい、わかった。

（二）

女： 明日、面接があります。とても緊張しています。

男： 頑張ってください。

女： あのう、ちょっと教えてほしいです。面接はどうやってしますか。

男： えっと、まず、ドアを3回叩きます。それから、部屋へ入ります。

女： 2回はだめですか。

男： だめです。2回は、トイレに人がいますかという意味ですから。

女： そうですか。

男： それから、ドアをあけたら、「失礼します」と言ってください。そして、「座ってください」と言われたら、椅子に座ってください。

女： はい、わかりました。

男： それから、質問に答えます。笑顔で大きな声で言ってください。それで、大丈夫です。

女： わかりました。ありがとうございます。

三、〜ても〜

（一）

1.

女： 明日、映画、楽しみですね。

男： ええ。でも、明日は雨ですよ。大丈夫ですか。

女： 映画館は外じゃありませんから、雨が降っても行きますよ。

男： そうですね。じゃ、車で迎えに行きます。

2.

男： 明日、試験です。

女： そう。頑張ってね。

男： ええ。でも、失敗したらどうしましょう。

女： 失敗しても、また次があるよ。

男： そうだね。ありがとう。

3.

女： 今度、海へ行きましょう。

男： 海ですか。でも、今は秋ですよ。ちょっと寒いと思いますけど…。

女： 暖かい服を着たら寒くても大丈夫ですよ。きれいな海が見たいです。

男： そうですか。じゃ、いきましょう。

（二）

男： 昨日、久しぶりに電気屋に行きました。

女： そうですか。何か買いましたか。

男： ええ。これです。

女： これは、ドライヤーですね。髪の毛を乾かすものですよね。

男： ええ。そうです。よく見てください。

女： 何ですか。…あ！これ、コンセントがないですね。

男： ええ。電気を繋ぐ線がないでしょう。

女： それで、使えますか。

男： ええ。充電したら、線がなくても使うことができます。すごいでしょう。

女： それはすごいですね。どこでも使うことができますね。

男： そうです。旅行に行く時、とても便利です。

女：いいですね。わたしもほしいです。

四、自動詞/他動詞

（一）

①ドアを開けます   ②息子が起きます

③財布を落とします   ④火を消します

⑤本棚が壊れます   ⑥電気が消えます

⑦友達を助けます   ⑧ボタンが取れます

⑨風が吹きます

（二）

女：あ、こんにちは、田中さん。

男：ああ、佐藤さん。こんにちは。

女：あれ？髪の毛の色を変えましたね。

男：ええ。春ですから、ちょっと明るい色にしま

した。佐藤さんは、靴が変わりましたね。

女：ええ。新しく買いました。大学を卒業したから、新しい靴が欲しいと思って…。

男：そうですか。いいですね。

女：ありがとうございます。あっ、そういえば、もう春ですから、桜が咲きましたね。

男：そうですね。今日は、公園へ行って、お花見をします。

女：誰としますか。

男：ランさんです。佐藤さんもきますか。

女：いいですか。

男：もちろん、いいですよ。じゃ、2時に公園で会いましょう。

女：はい、わかりました。

综合练习三

1.

男：田中さん、今日、飲みに行きませんか。

女：すみません。今日はちょっと…。

男：あっ、息子さんを迎えに行きますか。

女：はい。5時までに迎えに行きます。

男：そうですか。わかりました。じゃ、また今度ね。

2.

女：佐々木さん、この資料なんですが、今日中に作ってくれませんか。

男：えっ、今日中ですか。量はちょっと…。

女：じゃ、明日まででいいですよ。

男：うーん、明後日でもいいですか。他にやらなければならない仕事がありますが…。

女：じゃあ、明後日までにお願いしますね。

男：はい、わかりました。

3.

男：先輩、来週の月曜日、休みたいのですが、いいですか。

女：あまり忙しくないから、大丈夫だよ。何かあったの？

男：実は、祖父が入院しました。お見舞いに行きたいので、1日休みたいです。

女：そっか。

4.

男：最近、毎日運動をしています。走ることが趣味になりましたよ。

女：いいですね。私は運動は苦手です。本を読むことが好きですから、ずっと家に居たいですよ。

男：それも良い趣味じゃないですか。

女：そんなことないですよ。

5.

女：山田さん、この英語わかりますか。

男：いえ、私英語はできません。田中さんは、できると言っていましたよ。

女：そうですか。山田さんは、中国語ができますよね。

男：ええ。中国語は大丈夫です。

女：みんなすごいですね。私も何か外国語を勉強したいなあ。

6.

女：最近、ミンさんという人と友達になりました。

男：へえ。どんな人ですか。

女：ミンさんはすごいですよ。中国人ですが、日

本の料理を作ることができますよ。昔、日本料理屋でアルバイトしていたと言っていましたから。

男: そうですか。それはすごいですね。ぜひ、食べたいです。

女: 今度、一緒にミンさんの家へ食事に行きましょう。

7.

女: あれっ?佐々木さん、最近痩せましたか。

男: ええ。ダイエットしました。

女: すごいですね。運動しましたか。

男: いえ、特に運動はしませんでした。ただ、食事の前に水をたくさん飲んで、水を飲むと、お腹がいっぱいになりますから、ご飯をたくさん食べなくなりますよ。それで、痩せますよ。

女: へえ、じゃ、私もやってみます。

8.

女: ああ、疲れました。今日は忙しかったですね。

男: そうですね。ちょっと休憩したいです。

女: 休憩はいいですけど、事務所での飲食はだめだそうですよ。

男: ちょっとお水を飲むだけ飲んでもだめですか。

女: ああ、お水は大丈夫ですよ。

9.

男: 山田さん、頼んだ仕事、終わりましたか。もうすぐ仕事が終わる時間ですよ。

女: いえ、まだです。すみませんが、帰ってから、家でやってもいいですか。

男: いいですけど、やる時間、ありますか。

女: ええ。今日は家で家事をしなくていいですから。母が来ていますので。

男: ああ、お母さんがやってくれるんですね。いいですね。

10.

男: リン先生、今、お時間ありますか。この問題を教えていただきたいのですが。

女: あっ、今ですか。ちょっと待ってくださいね。これから授業がありますから。

男: じゃ、授業のあと、お願いします。

女: いいですよ。でも、授業の後は、教室の掃除もしなければなりませんから、その後でもいいですか。

男: あ、全然大丈夫です。

11.

女: 明日、一緒に映画を見に行きませんか。

男: いえ、明日はちょっと。明後日はいいですよ。午前中は会議なんですが。

女: 明日は、仕事ですか。

男: いえ。明日はいとこがうちに来ますから、一緒に遊ばなければならないのですよ。いとこはまだ2歳です。

女: そうですか。それは大変ですね。

男: でも、かわいいですから、全然大変じゃないですよ。

12.

女: おはようございます。あれっ、鈴木さん?出張じゃないのですか。

男: ああ、実は、怪我をしました。それで、出張に行けませんでした。

女: そうでしたか。大丈夫ですか。

男: ええ。病院へ行きましたから。2週間で治ります。

女: そうですか。お大事に。

13.

男: ああ、お腹が空きました。

女: えっ?さっき、食事会に参加したんじゃないですか。またお腹がすいていますか。

男: うーん、実は、さっきの料理、辛すぎて、あまり食べていませんでした。

女: ああ、そうでしたか。それは残念でしたね。じゃ、コンビニで何か買いましょう。

男: ええ、家に持ち帰って食べましょう。

14.

女: 田中くん、ちょっと来てください。

男: はい、先生。何ですか。

女: この宿題、お菓子を食べながらしましたよね。油がついていますよ。

男: あ、すみません。

女: お菓子を食べながら、宿題に集中できませんよ。それから、ノートが汚れます。

男: はい、じゃ、次から気をつけます。

15.

男: 最近、疲れて、眠くてたまりません。

女: 寝るのが遅いのですか。

男: いえ、早いですよ。でも、どうしてか分かりませんが、眠いです。

女: 運動はしますか。

男: いえ、あまり。

女: 朝、ちょっと運動したほうがいいですよ。元気になりますから。

男: そうですか。明日からやってみます。

16.

女: あっ、あの店、見てください。

男: おいしそうなアイスですね。食べましょう。

女: あ、でも、これから晩御飯ですね。

男: 晩御飯の後で、食べに行きましょう。

女: そうですね。デザートとして。

17.

女: どこへ留学したいですか。

男: 日本です。日本は環境が良いですから。

女: そうですか。日本でしたいことはありますか。

男: はい。日本のお酒を飲んだり、遊びに行ったりしたいです。

女: それにしても、勉強が一番大切じゃないですか。

男: それもそうですね。

18.

女: 見てください。このコップ、すごいですよ。

男: 何が?

女: 最初は、黒いのに、水を入れると、白くなります。

男: あ、本当ですね。すごいですね。

女: そうでしょう。お父さんにもらいました。

19.

女: みなさん、今日は金曜日ですから、明日は休みですよ。

男: 先生、宿題はありますか。

女: 宿題は、いつもは数学の問題がありますが、今日はありません。

男: えっ、どうしてですか。

女: 来週テストをしますから、頑張って復習してください。

男: 本当ですか。嬉しいです。

20.

男: ユキさん、アルバイトに行きましたか。

女: ええ、初めて行きました。

男: どうでしたか。楽しかったですか。

女: うーん。疲れましたよ。お客さんが多いですから。

男: そうですか。えっと、どこですか。コンビニですか、レストランですか。

女: レストランです。人気のところですから、大変です。

男: そうですか。体にも気をつけてくださいね。

女: はい。

21.

女: ねえ、会議の資料って、どこにあるの?

男: あ、ここです。

女: 使ったら、元の場所に戻してくれる?

男: あっ、すみません。今、戻します。

女: じゃ、そのあと、プレゼンの資料もとってきて。

男: はい、わかりました。

22.

女: おはようございます。今日は早いですね。

男: そうだよ。9時から打ち合わせがあるから。

女: 新しいプロジェクトの打ち合わせですか。

男: うん。来週から始まるから、早くしなきゃと部長がおっしゃっていました。

女: そうですか。頑張ってください。

23.

女: 暗いね。今日も雨か。嫌だね。

男: 僕は雨、嫌いじゃないけど。

女: いや、でも、今日は運動会があるから。雨が降ると、授業を受けなければならないの。

男: そっか。じゃ、今日は授業か。

女: いえ、まだ分からないのよ。まだ曇っているから。

24.

男: たくさん食べましたね。まだ何か注文しますか。

女: いえ、もうお腹いっぱいですよ。

男: じゃ、デザートは?

女: 結構です。コーヒーだけもらっていいですか。ご飯の後は、いつもコーヒーかお茶を飲みます。

男: そうですか。じゃ、注文しましょう。

25.

女: おはようございます。あっ、そのTシャツ。

男: ええ、新しいものです。先週、買いました。

女: いいですね。何か英語が書いてありますね。どういう意味ですか。

男: これはスペイン語ですよ。「幸せ」という意味です。

女: へえ。いいですね。

26.

男: 中野さん、どうしましたか。

女: ええ。ちょっと。

男: 何かありますか。

女: ええ。雨が降って来たでしょう。洗濯物を外に干したままです。早く帰らなきゃ。

男: そうですか。早く帰ってきてね。

27.

男: なんか、いい匂いがしますね。

女: 本当ですね。ケーキを焼く匂いでしょうか。

男: あ、いえ。パンですね。ほら、あそこを見てください。

女: 美味しそうなパン屋ですね。あそこにあること、知りませんでした。

男: ぼくも知りませんでした。行きますか。

女: ええ、見てみましょう。

28.

男: アンナさん、実家に帰ると言っていましたね。

女: ええ。明日。

男: いいですね。何時の電車ですか。

女: 午後4時です。

男: え?午後の電車?

女: ええ。帰る前に、駅でお土産を買っていきますから。その時間が必要でしょう。

男: ああ、そうですね。

29.

女: ランさん、これ、この前のレポートです。

男: あ、先生。ありがとうございます。

女: 間違っているところを赤色のペンで書きました。直して、また私に見せてくださいね。

男: はい、分かりました。

30.

女: 今日、空が暗いですね。

男: そうですね。雨が降ったら、自転車を家の中に止めなければなりません。

女: え?うちはいつも外に置きますよ。

男: 汚れやすいですよ。

女: そうですか。じゃ、これから中に止めておきます。

第三部分　模拟练习

第1回

(1)

女: 昨日はわたしの誕生日でした。

男: そうですか。何歳になりましたか。

女: 21歳になりました。

男: おめでとうございます。

(2)

女: 王さん、今日、レストランへ行きませんか。駅前に新しいレストランが出来ましたから。

男: すみません、今日はちょっと…。

女: えっ、どうしてですか。

男: 明日は試験ですから、勉強をします。

(3)

男: あのう、ペットボトルは今日、捨ててはいけませんよ。

女: えっ?あ、そうですか。すみません。ペットボトルの日はいつですか。

男: 木曜日です。

女: 明日ですね。わかりました。

(4)

女: 田中さん、お昼ご飯を食べない?

男: うん、いいよ。何を食べる?

女: ラーメンが食べたい。あ、でも、うどんも食べたい。

男: ぼくはラーメンがいいな。

女: じゃあ、ラーメンにしよう。

(5)

女: あ、王さん。お久しぶりです。どこへ行きますか。

男: ああ、中野さん。今から学校へ行きます。

女: え?今日は日曜日ですよ。

男: ええ。でも、図書室はあいていますから。勉強をします。

女: そうですか。いいですね。

(6)

男: あけましておめでとうございます。山田さん。

女: あけましておめでとうございます。今年もよろしくお願いします。

男: 今年も、いろいろなところへ行きましょうね。

女: ええ。楽しみです。

(7)

女: ああ、疲れた。

男: 大丈夫?最近、仕事が忙しい?

女: うん。やっぱり、警察は忙しいよ。休みの日も、仕事にいかなければならないことがあるからね。

男: そうなんだ。おつかれさま。

(8)(9)

女: 王さん、それは何ですか。

男: これは日本の漫画です。日本人の友達から借りました。

女: そうですか。おもしろいですか。

男: ええ。僕は、漫画が大好きですから、日本にきました。日本で日本語を勉強して、漫画の仕事をしたいです。

女: 漫画をかきたいですか。

男: いえ、それはちょっと。絵が上手ではありませんから。漫画を作っている会社で働きたいです。

女: いいですね。頑張ってください。

男: はい、ありがとうございます。

(10)(11)

男: ああ、どうしよう。

女: 田中さん、どうしたの。

男: 会社へ行かなければならないのだけど、電車が止まっているんだ。

女: そうなんだ。じゃあ、バスは?

男: 近くにバス停がないよ。タクシーで行こうかな。でも、タクシーは高いし…。

女: じゃあ、わたしが車を運転しようか。

男: え？本当？いいの？

女: うん、いいわよ。じゃ、はやく行こう。

（12）（13）

女: こんばんは。かわいい犬ですね。

男: ありがとうございます。

女: 何と言う名前ですか。

男: 「マル」です。小さくて、丸いですから、母が「マル」という名前にしました。

女: そうですか。名前もかわいいですね。この子は今いくつですか。

男: 今はまだ生まれてから五ヶ月です。もうすこし大きくなると思います。

女: 大きくなるのがたのしみですね。

男: ええ。

（14）（15）

女: あのう、すみません。ここでタバコを吸わないでください。

男: あっ、すみません。

女: トイレの横に喫煙コーナーがありますから、そこでお願いします。入口は、他のお客様によくありませんから。

男: はい、わかりました。では、トイレはどこですか。

女: この階段を上がってすぐです。

男: はい、わかりました。ありがとうございます。

第2回

（1）

男: いらっしゃいませ。

女: こんにちは。お肉をください。

男: はい、どのお肉ですか。牛肉ですか、豚肉ですか。

女: 鶏肉はありますか。

男: はい。

女: じゃ、それをください。

（2）

男: 田中さん、車を持っていますか。

女: ええ。ありますよ。どうしましたか。

男: 明日、病院へ行きたいです。車を貸してくれませんか。

女: ええ、いいですよ。

（3）

女: 王さん、誕生日は来週ですね。

男: いえ、来月です。

女: あっ、すみません。5月が誕生日だと思っていました。

男: いいえ、その次ですよ。

（4）

女: あっ、今日は久しぶりに晴れましたね。

男: 本当ですね。最近、ずっと雨が降っていまし

たから。

女: よかったら、散歩にいきませんか。

男: いいですね。公園へ行きましょう。

（5）

男: リンさん、その荷物、どうしましたか。重そうですね。

女: ああ、明日国へ帰りますから、準備しています。

男: あ、中国ですか。

女: ええ。来月、また日本へ帰ってきます。

男: お気をつけて。

（6）

女: 太郎さん、喫茶店へ行きませんか。

男: いいですよ。コーヒーが飲みたいと思っていました。

女: コーヒーが好きですか。

男: ええ。でも、砂糖が入っていないのは好きじゃありません。

女: それは、苦いでしょう。

（7）

女: 昨日、田中さんのお兄さんに会いましたよ。

男: えっ、どこでですか。

女: 駅です。

男：そうですか。僕も先月、喫茶店で山田さんの
　　妹さん2人とお兄さんに会いましたよ。

女：本当ですか。

（8）（9）

男：先輩、この本はどこに置きますか。

女：あっ、それは机に置いてください。

男：はい。

女：ありがとう。あ、そうだ。3時から会議だか
　　ら、資料をコピーしてくれない？

男：ええ、いいですよ。何枚ですか。

女：会議に来るのは30人だから、35枚お願い。

男：はい、わかりました。

女：2時半までにお願いね。

男：はい。

（10）（11）

女：いらっしゃいませ。どんな服を探していま
　　すか。

男：母にあげる服です。

女：そうですか。お誕生日ですか。

男：ええ。そうです。24日に。

女：いいですね。お母様は、どんな色が好きで
　　すか。

男：赤色や、黄色です。明るい色が好きです。

女：では、こちらのTシャツはどうですか。人気
　　ですよ。

男：うーん、でもちょっと高いですね。五千円く
　　らいのはありますか。

女：ええ。こちらの黄色いスカートは四千五百円
　　です。

男：じゃ、それをください。

（12）（13）

男：今日は暑いですね。まだ6月ですよ。

女：でも、35度もありますよ。

男：そんなに高いですか。僕、夏が好きじゃない
　　です。

女：そうですか。私は好きです。海が大好きです
　　から。

男：そうですか。僕は、雪がとても好きです。去
　　年の冬は北海道に行きました。北海道の雪は
　　とてもきれいでしたよ。

女：いいですね。私は、来週沖縄へ行きます。海
　　に入ります。

男：へえ。楽しみですね。

（14）（15）

女：すみません、靴を売っているところはどこで
　　すか。

男：4階です。

女：わかりました。階段はどちらですか。

男：階段はあそこの奥にありますが、エレベー
　　ターのほうがはやいですよ。

女：いえ、最近太りましたから、階段を使いたい
　　です。

男：そうですか。では、この道をまっすぐ行って、
　　右へ曲がって、まっすぐ行きます。その奥に
　　階段があります。

女：わかりました。ありがとうございます。

男：いいえ。どういたしまして。

第3回

（1）

女：今日も寒いですね。

男：ええ。来月はクリスマスですね。

女：はやいですね。なにをしますか。

男：ぼくは、彼女と一緒に旅行に行きます。

女：いいですね。

（2）

男：あ、山田さん。ちょっといい？

女：はい、部長。何ですか。

男：この資料を、鈴木さんに渡してくれない？

女：はい。営業部の鈴木さんですね。

男：いや、人事部の、鈴木さん。

女：あ、わかりました。

（3）

男：ああ、今日も疲れましたね。

女：ええ。仕事が多くて、忙しかったですね。で

も、終わってよかったです。

男: そうですね。あ、そうだ。なにか食べにいきませんか。ぼく、ビールが飲みたいですから、居酒屋がいいですね。

女: ええ、いいですよ。わたしは焼酎が飲みたいです。

(4)

男: ロンさんは、どうして日本へ来ましたか。

女: 日本語を勉強したかったですから。

男: 日本にきてから日本語の勉強を始めたんですか。

女: いいえ。アメリカでもう習い始めました。日本でしたほうがもっと良いと思いましたから、日本留学を決めました。

男: そうですか。

(5)

男: 田中さん、今晩、一緒に晩御飯を食べにいきませんか。

女: すみません。今晩はちょっと…。

男: なにかありますか。

女: ええ。友達と映画を見に行きます。明日なら、大丈夫ですよ。

男: じゃ、明日行きましょう。7時からでいいですか。

女: ええ。

(6)

女: わたし、来週北海道へ行きます。

男: そうですか。僕は先週行きましたよ。

女: いいですね。なにをしましたか。

男: 寿司を食べました。それから、スキーもしました。楽しかったです。来週は沖縄へ行きます。

女: 海を見に行きますか。

男: はい。そうです。

(7)

女: あっ、王さん。こんにちは。お久しぶりです。

男: ユリさん、お久しぶりです。学校を卒業して

から、全然会っていないですね。

女: そうですね。王さんは中国語の学校で働いていますよね。

男: そうです。ユリさんは、英語の学校ですよね。

女: ええ。先生の仕事は大変ですね。

男: はい。一緒にがんばりましょう。

(8)(9)

女: みてください！これ。

男: えっ、それは…?

女: ケイの写真ですよ。昨日、渋谷で見ました。写真を撮りました。

男: ケイって、あのアイドルですか。

女: そうですよ。すごいでしょう。

男: うーん、ケイを見たのはすごいと思いますが、ケイの写真を撮ってもいいですか。

女: いいえ。

男: それはよくないです。知らない人に対して勝手に写真を撮るのはだめですよ。

女: そうですか。じゃ、今すぐ消します。

男: ええ。そうしてください。

女: これからは気をつけます。

(10)(11)

女: 来月、韓国へ行きます。

男: そうですか。旅行ですか。

女: いいえ。仕事です。二週間の出張です。

男: そうですか。いいですね。おいしいものがたくさんありますよ。

女: でも、楽しみじゃありません。わたしは日本からでたことがありませんから…。

男: 外国に行くのは初めてですか。

女: ええ。何を持っていかなければなりませんか。

男: パスポートは忘れないでくださいね。

女: はい、わかりました。

(12)(13)

女: 太郎、なにをしているの。

男: あ、お母さん。もう帰ってきたの。早いね。

女：ゲームをしているの？宿題は？

男：まだだよ。

女：じゃ、先に宿題をして。宿題がおわったらおやつをあげるわよ。

男：本当？じゃ、今からやるね。あ、晩御飯は何？

女：今日はカレーよ。太郎、ずっと食べたいって言っていたじゃない。

男：嬉しいな。じゃ、宿題をやるね。

女：ええ。あ、おやつはプリンよ。頑張ってね。

(14)(15)

男：先生、ちょっといいですか。

女：はい。コウさん、どうしましたか。

男：この日本語の意味がわかりません。「しなければならない」って、どういう意味ですか。

女：ああ、これは、「しないことはだめ」という意味ですよ。

男：じゃあ、絶対するということですか。

女：ええ。そうです。この宿題、難しいですか。

男：はい。友達もみんな難しいと言っています。

女：そうですか。辞書を使ってもいいですよ。

男：わかりました。ありがとうございます。

第4回

(1)

男：山田さん、こんにちは。今からご飯を食べにいきませんか。

女：あっ、すみません。もう食べてしまいました。

男：そうですか。何を食べましたか。

女：寿司です。

男：いいですね。

(2)

女：田中さん、息子さんたちがきていますよ。

男：あ、本当ですか。

女：ええ。息子さんが3人もいたんですね。

男：いえ、2人ですよ。あと1人は、息子の友達です。

女：あっ、そうですか。

(3)

男：もしもし、田中さん。仕事は終わりましたか。

女：ええ。今は駅にいますよ。

男：はやいですね。ぼくは会社にいます。今から駅へ行きますから、少し待ってください。

女：はい、わかりました。

(4)

女：あれっ？ちょっと、大丈夫？

男：いや、足が痛くて…。

女：どうして？昨日、走った？

男：いえ、昨日、自転車に乗ろうとしたときに、転びました。

女：大丈夫？無理しないで。

(5)

女：王さん、お誕生日おめでとうございます。

男：リンさん、ありがとうございます。

女：これ、プレゼントです。

男：わあ、きれいな靴ですね。嬉しいです。明日から、履きます。

(6)

男：聞きましたよ。結婚おめでとうございます。

女：ありがとうございます。

男：結婚生活はどうですか。毎日楽しいでしょう。

女：ええ。でも、まだ一週間ですから。

男：そうですね。まだまだ楽しいことがたくさんあるでしょう。

(7)

男：今日は何をする？

女：そうね…、デパートへ行く？

男：あっ、いいね。ぼく、新しい靴がほしいな。

女：わたしは、新しい服がほしいわ。

男：じゃ、一緒に買いに行こう。

女：ええ、そうしましょう。

(8)(9)

女：王さん、明日、仕事は休みでしょう。

男：ええ。そうですよ。

女: よかったら、みんなで海にいきませんか。

男: いいですね。何時に出発しますか。妹が夜東京から帰ってきますから、駅まで迎えに行きます。

女: そうですか。海は朝から行きますが、夜はみんなでご飯をたべます。

（10）（11）

女: ああ、疲れました。

男: お疲れ様です。今日は仕事が忙しかったですね。

女: ええ。いつもはお客さんが100人くらい来ますが、今日は200人以上でした。

男: どうして今日はこんなに多かったのですか。

女: 今日は肉が安いですから。

男: あ、そうですね。今日は2月9日、「にくの日」ですね。

女: ええ。あ、8月31日は何の日かわかりますか。

男: うーん…、何ですか。

女: 「野菜の日」です。店長が言っていました。

男: へえ、そうですか。

（12）（13）

男: すみません、駅はどこですか。

女: あ、駅ですか。そこの喫茶店を右に曲がります。それから、薬局を左に曲がります。それからまっすぐいくと駅がありますよ。

男: ありがとうございます。

女: どういたしまして。でも、すこし遠いですよ。

男: どれくらいありますか。

女: 歩いて20分くらいです。タクシーで5分くらいです。

男: そうですか。でも、大丈夫です。急ぎませんから。

女: そうですか。じゃ、お気をつけて。

（14）（15）

男: お母さん、今日のご飯は何?

女: 今日はまだ考えていないわ。なにが食べたい?

男: 今日はうどんが食べたいな。ちょっと寒いから。

女: え?今日は30度だから、あまり寒くないわよ。風邪をひいたの?

男: うーん。そうかな。頭が痛いな。

女: 風邪ね。じゃ、寝なければならないよ。

男: でも、今日の夜、太郎くんと花火をするんだけど。

女: だめよ。太郎くんには、お母さんから電話をするわ。

男: ありがとう。じゃあ、少し寝るね。

女: ええ。ご飯ができたら言うわ。

第5回

（1）

男: あれっ、田中さん、どこへ行くんですか。

女: ああ、スーパーです。卵と野菜を買ってきます。

男: そうですか。一緒に行ってもいいですか。ぼくもほしいものがありますから。

女: ええ、いいですよ。

（2）

女: マイクさんは、いつ日本へ来ましたか。

男: 去年の5月に、アメリカから来ました。

女: そうですか。最初、日本のどちらに来ましたか。

男: 大阪です。それから、京都です。

（3）

女: あっ、この花、きれい。

男: 本当だね。買う?

女: 買いたいけど、今日は財布を忘れてきたから。

男: 千円はあるよ。花は700円だから、買えるよ。

女: 本当だね。ありがとう。

（4）

男: もしもし、もう起きていますね。

女: はい。7時に起きましたよ。今日、どうしますか。

男：12時に駅前の喫茶店で会いましょう。

女：ええ、いいですね。そうしましょう。それじゃ、また。

男：はい、また。

(5)

男：田中さん、今日、夜は何かありますか。

女：いいえ、なにもありませんが…。

男：社長がお金をくれましたから、みんなで飲みに行きませんか。

女：本当ですか。社長は優しいですね。嬉しいです。

男：ええ。

(6)

女：見てください。新しいパソコンを買いました。

男：いいですね。いつ買いましたか。

女：先週の日曜日です。先週の金曜日にパソコンが壊れましたから、新しいのを買いました。

男：でも、高そうですね。

女：13万円くらいでした。

男：高いですね。

(7)

女：今日は暑いですね。

男：ええ、でも、雨が降っていますよ。

女：私は雨が好きじゃありません。洗濯物が乾きませんし、散歩もできませんから。

男：僕は好きです。ずっと家でゲームができますから。

(8)(9)

女：お昼はなにを食べますか。

男：そうですね。ぎょうざはどうですか。おいしいですよ。

女：うーん、あまり好きじゃないです。でも、王さんは中国人ですから、好きでしょう。

男：ええ。毎日食べています。

女：私はアメリカ人ですから、ハンバーガーが好きです。

男：そうですか。じゃあ、ハンバーガーを食べま

すか。

女：えっ、いいですか。

男：いいですよ。駅前に良いお店がありますから、行きましょう。

(10)(11)

女：王さん、明日一緒に映画を見に行きませんか。

男：あっ、すみません。明日はちょっと…。

女：なにかありますか。

男：学校へ行きます。テストの特別授業がありますから。

女：そうですか。知りませんでした。

男：メールのお知らせに書いていましたよ。ランさんと、ハンさんと一緒に行きます。

女：いいですね。

男：山田さんも一緒に行きますか。

女：いえ、私は大丈夫です。

(12)(13)

男：鈴木さん、そのスカート、きれいですね。

女：ありがとうございます。先週デパートで買いました。安いし、きれいですからすぐに買いました。

男：いいですね。僕も新しい服がほしいです。

女：じゃ、今から見に行きましょう。えっと、紳士服は4階ですね。行きましょう。

男：ええ。あっ、でも、先にトイレに行きたいです。

女：トイレはどこですか。

男：5階ですね。

(14)(15)

女：佐藤さん、もうすぐ田中さんの誕生日ですよ。

男：そうですね。7日ですよね。

女：ええ。10月7日です。プレゼントは何がいいですか。

男：そうですね…、果物はどうですか。田中さんはいつも果物を食べていますから。

女：うーん、でも、果物はちょっと…。物が良いと

思います。あっ、佐藤さんはどんなものがい
いと思いますか。

男：僕は今ゲームが欲しいですね。でも、佐藤
さんは、ゲームは好きじゃないと言っていま

したよ。

女：そうですか。バスタオルはどうですか。お風
呂が好きだから。

男：いいですね。そうしましょう。

第6回

（1）

女：田中さん、図書館へ行きませんか。一緒に勉
強しましょう。

男：すみません。今日はちょっと…。アルバイト
に行かなければなりません。

女：そうですか。頑張ってください。

男：ありがとうございます。

（2）

女：暑いですね。冷たいものが食べたいです。

男：アイスですか。

女：はい。コンビニへ行って、買いましょう。

男：いいですね。僕はプリンが買いたいです。

（3）

女：田中さん、チョコレートをもらいましたか。

男：え？いいえ。どうしてですか。

女：今日はバレンタインデーですよ。2月14日
です。

男：ああ、忘れていました。

（4）

女：王さん、このゴミはここに捨ててください。

男：あっ、すみません。

女：紙は右のゴミ箱、ペットボトルは左のゴミ箱
です。いいですか。

男：はい、わかりました。

（5）

男：今日、図書館で勉強しませんか。

女：いいですね。明日はテストですから、勉強し
なければなりません。

男：ええ。何時までしますか。

女：7時までします。晩御飯は、家で食べます。

男：わかりました。

（6）

女：王さん、昨日電話しましたが、出なかったで

すね。

男：あっ、すみません。何時ですか。

女：午後6時です。ご飯を食べていましたか。

男：いいえ、シャワーを浴びていました。すみま
せん。

女：いいえ、いいですよ。

（7）

男：あっ、それ、新しいケータイ？

女：ええ。そうよ。いいでしょう。

男：いいね。色がとてもきれい。いくらしたの。

女：8万円。

男：ちょっと高いね。でも、いいね。僕も、新しい
ケータイがほしいな。

（8）（9）

女：ああ、忙しい。

男：山田さん、大丈夫ですか。

女：ええ、大丈夫です。あ、すみませんが、この
資料を田中さんにわたしてくれませんか。

男：ええ、いいですよ。田中さんは、4階にいま
すね。

女：はい。そうです。

男：わかりました。他に、なにかありますか。

女：えっと…。仕事は、ないです。

男：そうですか。あ、お茶をいれましょうか。

女：ほんとうですか。嬉しいです。ありがとうご
ざいます。

男：どういたしまして。

（10）（11）

男：わあ、きれいな海ですね。

女：本当ですね。京都の海は、大きいですね。

男：いえ、ここは大阪ですよ。

女：あっ、そうですか。でも、どうしてここに来
ましたか。

男: 魚を釣りたいですから。一緒にしませんか。

女: いいですよ。どうやってしますか。

男: 僕が教えます。

女: わかりました。お願いします。

（12）（13）

男: あっ、見て。きれいな星だよ。

女: あ、本当だ。きれいだね。

男: 秋はいいね。暑くないし、寒くないし、空気がきれい。

女: そうね。でも、私は春が一番すき。

男: どうして。

女: 春はきれいな花がたくさん咲くから。

男: 秋もたくさんあるよ。

女: そうね。でも、私は春の花が好き。

男: そうなんだ。

（14）（15）

女: あのう、すみません、5歳くらいの男の子を見ませんでしたか。

男: いえ、見ていません。

女: そうですか…。どうも。

男: あのう、どうしましたか。

女: 子供がいなくなりました。探しています。

男: わたしも一緒に探しましょうか。

女: いいですか。青い帽子を被って、赤い服をきています。

男: わかりました。じゃ、僕は2階を探します。

女: ありがとうございます。私は1階を探します。

第7回

（1）

女: すみません、ちょっといいですか。

男: はい、何ですか。

女: デパートはどこですか。

男: そこを曲がって、まっすぐ行くとありますよ。

女: わかりました。ありがとうございます。

（2）

男: もしもし、田中ですが。鈴木さんですか。

女: はい、そうです。

男: 12時に駅前の寿司屋へ行って久しぶりに一緒に和食を食べましょう。

女: はい、いいですよ。何を食べますか。

男: 寿司にしましょうか。

（3）

女: スーパーへ行きますが、なにかほしいですか。

男: いいえ、いりません。なにを買いますか。

女: 野菜と、肉を買います。

男: そうですか。あっ、コーラがほしいです。

女: わかりました。買ってきます。

（4）

女: あっ、王さんだ。

男: え？どこですか。

女: ほら、車のところです。リンさんと一緒にいますよ。

男: あっ、本当ですね。2人は恋人ですか。

女: ええ。そうですよ。あいさつしますか。

男: そうですね。行きましょう。

（5）

女: みなさん、今日は宿題があります。明日までにしてください。

男: はい、先生。宿題は何ですか。

女: 英語の教科書34ページです。

男: わかりました。

女: 25ページは、明日テストしますから、復習してくださいね。

（6）

男: 山田さん、今晩、ごはんを食べにいきませんか。

女: あっ、すみません。今日はちょっと。明日、テストがありますから、勉強をしなければなりません。

男: そうですか。わかりました。

女: 田中さんは復習しましたか。

男: ええ。僕は昨日夜中の2時まで復習しました。

(7)

女：いらっしゃいませ。今日は安いですよ。

男：あのう、何が安いですか。

女：野菜です。

男：肉はいつですか。

女：肉は、明日です。朝8時から開いていますから、きてくださいね。

男：はい、わかりました。

(8)(9)

女：王さん、日曜日はなにかありますか。

男：いいえ。なにも。

女：一緒に美術館へ行きませんか。先生がチケットをくれましたから。

男：ええ、いいですよ。どうやって行きますか。

女：あそこはすこし遠いですから、電車でいきましょう。

男：うーん、でも、駅から少し歩きますよ。

女：そうですね。じゃ、駅からはタクシーで行きませんか。少しですから、あまり高くないと思いますよ。

男：そうですね。そうしましょう。

(10)(11)

女：リンさんは、どのくらい日本語を勉強していますか。

男：中国で2年、日本で3年ですから、5年です。

女：すごいですね。私は日本にきてから勉強を始めましたから、まだ1年半です。

男：フランスでは勉強していませんでしたか。

女：ええ。近くに学校がありませんでしたから。リンさんの家の近くに学校はありましたか。

男：いいえ。わたしは自分で本を買って、家で勉強しました。

女：本当ですか。すごいです。

(12)(13)

男：太田さん、あれ？太田さん、どこですか。

女：ここです。

男：ああ。そこにいましたか。そこで何をしていますか。

女：星がきれいですから、見ていました。

男：あ、本当ですね。とてもきれいですね。

女：ええ。それで、なんですか。

男：ああ。寝る前に何か食べたいなあ。なにがいいですか。

女：そうですね。わたしはラーメンが食べたいです。

男：ぼくはぎょうざ。では、行きましょう。

(14)(15)

女：あのう、部長。今日は早く帰ってもいいですか。

男：え？どうしたの。

女：8時から、妹が家にきます。

男：ああ、そうですか。でも、今は雨が降っているよ。どうやって帰るの？

女：タクシーで帰ります。

男：雨の日はタクシーは少ないと思うよ。僕の車に乗る？

女：えっ、いいですか。

男：いいよ。僕も今日は早く帰るよ。一緒に帰ろう。

女：ありがとうございます。

第8回

(1)

女：もしもし、田中さん。今、どこにいますか。

男：すみません、まだ会社です。もう少し待ってください。

女：はい。じゃ、駅のとなりの喫茶店で待っています。

男：はい、わかりました。

(2)

男：ああ、今日は疲れました。

女：そうですね。晩ご飯を食べて帰りませんか。

男：すみません、今晩は家族と寿司を食べます。

女：そうですか。

男：明日は大丈夫です。

女：じゃ、明日仕事のあと一緒に行きましょう。

(3)

女: わあ、見てください。きれいですね。

男: 本当ですね。ここは空気がきれいですから、星もきれいに見えますね。

女: ええ。晴れてよかった。

男: そうですね。東京では、よく見えませんね。

(4)

女: いらっしゃいませ。

男: こんにちは。あのう、花束がほしいです。おすすめはありますか。

女: プレゼントですか。

男: ええ。母の誕生日です。

女: そうですか。では、この赤いカーネーションはどうですか。

男: いいですね。

(5)

女: 太郎、おはよう。朝ごはんはパンとご飯、どっちがいい。

男: 朝ごはん、いらないよ。

女: だめよ。学校へ行くから。

男: じゃ、パンにする。ごはんはあまり好きじゃないから。

女: わかったわ。

(6)

女: 王さん、日曜日、博物館に行きませんか。

男: いいですよ。どこにありますか。

女: 大阪にあります。地下鉄でいけますが、駅からすこし遠いです。

男: じゃ、駅からバスにのりましょう。

女: ええ、そうしましょう。

(7)

女: あのう、リーさん、これを教えてくれませんか。

男: はい、なんですか。

女: この中国語の単語の意味がわかりません。

男: ああ、これは「きれい」という意味ですよ。

女: そうですか。ありがとうございます。

(8)(9)

男: あ、知っていますか。駅前に新しいスーパーができましたよ。

女: 知っていますよ。

男: もう行きましたか。

女: いいえ。まだです。一緒にいきませんか。肉が安いと聞きました。

男: ええ。じゃ、夕方に行きましょう。

女: えっ、どうしてですか。

男: 夕方から、もっと安くなりますよ。

女: そうですか。じゃ、4時くらいに行きましょうか。

男: ええ、そうしましょう。

(10)(11)

女: 明日、海へ行きませんか。

男: すみません、海はちょっと…。

女: 嫌いですか。

男: はい。怖いし、泳げませんから。

女: そうですか。じゃ、山はどうですか。おもしろい動物がたくさん見られますよ。

男: いいですよ。何時に行きますか。

女: 朝から行きましょう。8時はどうですか。

男: ええ。いいですよ。朝ごはんはどうしますか。

女: コンビニで買って、山で食べませんか。

男: いいですね。そうしましょう。

(12)(13)

男: もしもし、田中さん。

女: はい、店長。何ですか。

男: すみませんが、今日、仕事にきてくれませんか。鈴木さんが風邪で休みましたから…。

女: え、そうですか。何時からですか。

男: 今から来てくれませんか。

女: すみません、今は祖母の家にいます。1時間くらいかかります。

男: そうですか。じゃ、昼から来てください。昼までは、お客さんも少ないですから、わたし1人で大丈夫だと思います。

女: はい、わかりました。

男: ありがとうございます。

(14)(15)

男: 山田さんは何が一番すきですか。

女: 私は旅行がいちばん好きです。

男: いいですね。どこへ行きましたか。

女: 日本は、東京や北海道、沖縄へ行きました。外国は、中国、アメリカや韓国、フランスにいきました。

男: どこが一番良かったですか。

女: 全部良かったですけど…いちばん好きなのは、北海道です。

男: どうしてですか。

女: ごはんがとてもおいしかったですから。魚もおいしかったです。

男: いいですね。僕も行きたいです。

第9回

(1)

女: はあ、もう疲れました。

男: どうしましたか。仕事が忙しいですか。

女: 仕事は大丈夫ですが、英語の勉強が大変です。とても難しいです。

男: そうですか。僕も英語は難しいと思います。頑張ってください。

女: ありがとうございます。

(2)

女: 王さん、一緒にご飯を食べに行きませんか。学校の近くにおいしいレストランがありますよ。

男: あっ、すみません。もうラーメンを食べました。

女: そうですか。あっ、駅前の新しいラーメン屋さんですか。

男: ええ。美味しかったですよ。こんど、一緒に行きましょう。

女: ええ、いいですね。

(3)

男: お母さん、明日、友達が家に来るよ。

女: えっ、そうなの。でも、お母さんは家にいないよ。

男: どこへ行くの。

女: となりの太田さんとデパートに行くよ。新しい鞄を買うから。

男: そう。わかった。

(4)

女: あっ、王さん、その黒い靴、いいですね。

男: ありがとうございます。山田さんの赤い靴もきれいですね。

女: 本当ですか。これ、母がくれました。誕生日のプレゼントです。

男: そうですか。おめでとうございます。

女: ありがとうございます。

(5)

女: 田中さん、あの資料は出来ましたか。

男: いいえ、まだです。もう少し待ってください。

女: 会議は明日ですから、明日までにしてくださいよ。

男: はい、大丈夫です。あと2時間くらいで出来ますから。

女: そうですか。お願いします。

(6)

女: 今日は暑いですね。まだ6月ですけど…。

男: そうですね。25度くらいの暑さですね。

女: ニュースで、32度と言っていましたよ。

男: え！本当ですか！どうりでこんなに暑いですね。

女: ええ。ですから、水をたくさん飲んだほうがいいですね。コンビニへ買いに行ってきます。

(7)

男: ランさん、電話番号を教えてくれませんか。

女: あれっ。王さん、ケータイを買いましたか。

男: ええ。持っていないので、かなり不便です。思い切り昨日買いました。今はケータイはな

けれ ばなりませんね。

女：そうですね。でも、高かったでしょう。

男：ええ、15万円くらいでした。

(8)(9)

女：はあ、眠い。

男：昨日、あまり寝ていませんか。

女：ええ。夜3時ごろに寝ました。それまで、家の掃除とか、洗濯とかをしていました。

男：大変でしたね。午後2時から会議がありますが、大丈夫ですか。

女：そうですね。眠いと良くないですから、お昼に少し休みます。

(10)(11)

男：どうしましょう。

女：えっ、何ですか。

男：昨日、隣の家に犬が来ました。学校に行くとき、その家の前を通ります。

女：いいですね。可愛いでしょう。

男：いや、僕は犬が嫌いです。子供のとき、手を噛まれましたから、怖いです。

女：そうですか。じゃ、猫はどうですか。

男：猫は好きですよ。あ、田中さんの家の猫ちゃんは元気ですか。

女：ああ、「ミルク」ちゃんですね。元気ですよ。

(12)(13)

女：はあ、疲れたね。昨日は遅くまでカラオケをしていたから。

男：そうだね。何時までやっていたかな。

女：朝の5時くらいかな。

男：そんなに？夜の8時から、5時までずっと。

女：うん。あ、仕事は大丈夫？

男：うん、大丈夫だよ。まだ休みだから。君は大丈夫？

女：私も大丈夫。25日まで休みだよ。

男：僕も。あと1週間くらいだね。

(14)(15)

男：田中さん、今度の日曜日みんなで北海道へ旅行しませんか。

女：すみません、今、そんなお金があまりありません。

男：え？でも、給料は先週もらいましたよ。

女：ええ。昨日車を買いましたから。

男：車ですか！どうしてですか。

女：家の近くのスーパーがなくなりました。それで、車がないと買い物へ行けませんから。

男：そうですか。じゃ、旅行は行けませんか。

女：はい、すみません。

男：じゃ、一人で行きます。

第10回

(1)

女：昨日、海に行きました。ほんとうにきれいでした。

男：えっ、僕も行きましたよ。何時くらいですか。

女：午後5時くらいです。

男：あっ、そうですか。僕は朝6時くらいです。

(2)

女：今日は雨が降っていて、電車が止まっていました。

男：そうですね。ですから、僕は車で学校にきました。

女：そうですか。私はバスで来ました。

男：人が多かったでしょう。

女：ええ。多かったです。

(3)

女：すみません、部長。今日は早く帰ってもいいですか。

男：ええ、いいけど、どうしたの。

女：お腹が痛いですから、病院に行きたいです。

男：そう。いいよ。でも、大丈夫？

女：ええ。心配しないでください。

(4)

男：あっ、田中さん、お昼ご飯を食べに行きませんか。

女：あ、すみません。もう寿司を食べました。

男：そうですか。じゃ、明日一緒にハンバーガーを食べに行きませんか。

女：いいですね。行きましょう。

(5)

女：明日は休みですね。どこか行きませんか。

男：いいですね。山はどうですか。色々な動物がみられますよ。

女：でも、暑いですよ。涼しいところがいいですね。

男：じゃ、川はどうですか。

女：ええ、いいですよ。

(6)

女：王さん、どこへ行きますか。

男：図書館です。読みたい本がありますから。

女：そうですか。でも、まだ開いていませんよ。今日は木曜日ですから、昼からですよ。

男：えっ、そうですか。昨日は朝8時からあいていましたよ。

女：ええ。木曜日だけ遅いです。

(7)

女：あのう、ここでタバコを吸わないでください。

男：あっ、すみません。

女：トイレの横に吸ってもいい場所がありますから、そこを使ってください。

男：はい、わかりました。

(8)(9)

男：あのう、これ、どうぞ、お土産です。

女：えっ?何ですか、これ。

男：ええ。昨日出張で北海道へ行きました。お菓子です。

女：ありがとうございます。出張はどうでしたか。

男：ええ、仕事は良かったです。でも…。

女：なにかありましたか。

男：泊まったホテルはちょっと…。あまりきれいじゃありませんでした。

女：そうですか。それは残念でしたね。

男：ええ。

(10)(11)

男：はあ、ねむいです。はやく帰りたいです。

女：でも、まだ3時ですよ。仕事が終わるまで、あと2時間もあります。

男：長いですね…。明日も仕事がありますし、本当にいやです。

女：あっ、私は明日から4日間休みます。

男：えっ、どうしてですか。

女：妹の結婚式です。アメリカでしますから、行くのに1日かかります。

男：そうですか。いいですね。アメリカのどこですか。

女：ハワイです。海がきれいなところですよ。

男：へえ。来週、写真をみせてくださいね。

女：ええ、いいですよ。

(12)(13)

女：さあ、行きましょう。

男：えっ、待ってください。まだ1時ですよ。

女：ええ。社長に会うのは3時ですよ。横浜の会社まで車で1時間半くらいかかりますから、はやく出ましょう。

男：えっ、横浜まで車で行きますか。

女：ええ。そうですよ。新幹線は高いですし、電車は遅いですから。車が一番良いです。

男：誰が運転しますか。

女：え?あなたですよ。頑張ってくださいね。

男：僕ですか。もう2年運転していませんから、こわいですよ。

女：大丈夫ですよ。ほら、おねがいします。

(14)(15)

女：この机、いいですね。どこで買いましたか。

男：駅前の店です。あそこに売っているものは、全部安いですよ。

女：そうですか。私はまだ行ったことがありません。

男：じゃ、今度一緒に行きますか。

女：ええ、いいですね。いつ行きますか。

男: 来週の土曜日はどうですか。

女: あっ、その日はちょっと…。その次の日はどうですか。

男: ええ、いいですよ。店は10時からです。

女: じゃ、11時に行きましょう。お昼ご飯はどうしますか。

男: 店の横にレストランがありますよ。

女: じゃ、そこに行きましょう。

第11回

(1)

女: ああ、寝たいです。

男: どうしましたか。昨日、何時に寝ましたか。

女: 寝たのは11時ですけど、起きたのが早かったです。4時に起きました。

男: それは早いですね。

(2)

女: 昨日、新しいパソコンを買いました。

男: いいですね。僕もテレビを買いましたよ。

女: えっ、会社の近くの店で買いましたか。

男: はい。田中さんもですか。

女: ええ、そうです。

(3)

男: あっ、王さん。鈴木さんをみませんでしたか。

女: いえ、みていません。どうしましたか。

男: 鈴木さんに本を貸しましたが、まだ返してもらってないです。

女: すぐに必要ですか。

男: ええ。授業でつかいますから。

(4)

女: 田中さん、田中さんは英語ができますか。

男: ええ。アメリカに住んでいましたから。

女: そうですか。アメリカで生まれたんですか。

男: いいえ。生まれたのは京都です。3歳の時に、引っ越しました。

女: そうでしたか。

(5)

女: もうすぐ正月ですね。

男: ええ。わたしは28日に国へ帰ります。

女: そうですか。私は30日に帰りますよ。

男: そうですか。また来年会いましょう。

女: ええ、良いお年を。

(6)

女: 王さん、食べましょう。

男: あ！ケーキですか。久しぶりですね。どこで買いましたか。

女: 駅の中のケーキ屋です。

男: え！あそこは高いでしょう。

女: いいえ。一箱300円です。

男: あ、そうですか。

(7)

女: 明日は晴れですか。雨ですか。

男: さっき天気予報を見ましたが、雨だと言っていましたよ。

女: そうですか。残念です。明日は海へ行こうと思っていましたから。

男: ああ、そうですか。

女: 雨ですから、家でドラマを見ます。

(8)(9)

女: あのう、すみません。東京駅に行きたいですけど…。

男: 東京駅ですね。1番線の次の電車に乗ってください。まず「しぶや」で降りて、それから3番線に乗り換えてください。

女: はい、わかりました。次の電車はいつ来ますか。

男: えっと…、10分後です。今が2時50分ですから…。

女: 3時ですね。わかりました。

男: あちらにいすがありますから、座ってお待ちください。

女: はい、わかりました。

(10)(11)

男: ねえ、トイレはどこにある？

女: えっ、わからないわ。地図を見てみよう。

男：うん。

女：3階にあるよ。

男：そう。じゃ、先に行ってもいい？

女：うん。いいわよ。それから、レストランへ行きましょう。

男：うん、そうしよう。ご飯は6時くらいがいいかな。

女：ええ、そうね。

(12)(13)

女：今日はほんとうに寒いですね。

男：そうですね。明日は「大晦日」ですね。

女：えっ？「大晦日」って何ですか。

男：1年の最後の日のことです。日本では、年越しそばを食べます。

女：そうですか。じゃ、わたしたちも一緒に食べませんか。

男：いいですよ。じゃ、ぼくの家で食べましょう。

女：店で食べませんか。

男：いいえ。みんな家で食べます。

女：そうですか。わかりました。

(14)(15)

女：みてください。昨日新しい財布を買いました。

男：いいですね。もうお金を入れていますか。

女：はい。でも、今日は千円しかありません。

男：そうですか。僕も財布を買いましたよ。

女：昨日ですか。

男：いいえ、先週です。母とデパートへ行きましたから。

女：そうですか。いいですね。いくらでしたか。

男：1万円。

女：素敵な財布ですね。

第12回

(1)

男：リンさんは日本語が本当に上手ですね。

女：いえいえ。ありがとうございます。

男：日本に来てから勉強を始めましたか。それとも、国で勉強をしていましたか。

女：日本に来てからですよ。東京の日本語学校で。

男：そうですか。

(2)

女：王さん、今日、お酒をのみに行きませんか。近くに良いところがありますから。

男：あ、すみません。風邪をひいていますから、お酒はちょっと…。

女：そうですか。じゃ、また今度一緒に行きましょう。

男：ええ。

(3)

女：もしもし、太田さん、今どこにいますか。

男：今は駅です。山田さんはどこですか。

女：私はバス停です。

男：そうですか。じゃ、駅のとなりの喫茶店で待ちます。

女：はい。あと15分くらいで行きますから、待っていてください。

(4)

女：あれっ、それ、新しいのですか。

男：ええ。昨日買いました。このスマホ、とてもいいですよ。使いやすいです。

女：そうですか。いいですね。私も新しいのがほしいです。

男：学校の近くの店がいいですよ。

女：わかりました。ありがとうございます。

(5)

男：ランさんは、日本語をどれくらい勉強していますか。

女：2年くらいです。王さんはどれくらいですか。

男：僕は4年くらいです。

女：長いですね。すごいです。

男：いえいえ。クリスさんはもっとすごいですよ。もう8年目だと言っていました。

女：それはすごいですね。

(6)

女: あ、いい曲ですね。これは誰の曲ですか。

男: これは、福田さんという日本の歌手の曲ですよ。

女: へえ。日本の歌手なのに、英語ですね。どうしてですか。

男: 福田さんは、日本で生まれましたが、アメリカで育ったからです。他にも中国語と韓国語がわかると聞きましたよ。

女: それはすごいですね。

(7)

女: 明日、海へ行きますが、一緒に行きませんか。

男: え？前に、山に行くと言っていませんでしたか。

女: ああ、それは来週です。

男: そうですか。毎週遊びに行って、疲れませんか。

女: いいえ、大丈夫です。

(8)(9)

女: すみません、図書館はどこですか。

男: あそこのスーパーを右に曲がるとありますよ。

女: ありがとうございます。

男: あっ、でも、今はまだあいていませんよ。今日は木曜日ですから、午後3時からです。

女: そうですか。またあと2時間ありますね。

男: 図書館のとなりに喫茶店がありますから、そこで待つといいですよ。

女: そうですか。ありがとうございます。そこはもうあいていますか。

男: ええ。あそこは11時からですから。

女: わかりました。行ってきます。

(10)(11)

女: あっ、王さん？

男: え？あ！リンさんですか。

女: はい。お久しぶりです！ここで何をしていますか。

男: 友達との待ち合わせです。リンさんは？

女: ここの料理は美味しいって評判がありますから、わざわざ来ました。

男: そうなんですか。じゃ、友達と三人で食べましょうよ。

女: すみません、今日はお持ち帰りなんですが。また今度ぜひ一緒に食べましょう。

男: うん、また今度ね。

(12)(13)

女: 今日は何を買いますか。

男: 明日、友達が家に来ますから、飲み物を買いましょう。

女: お酒ですか。

男: そうですね。ビールと、ワインと…。

女: でも、ジュースもいりますよね。女の人と子供も来ますから。

男: そうですね。コーラでいいですか。

女: いいえ、コーラが飲めない人もいますよ。オレンジジュースはどうですか。

男: じゃ、それにしましょう。明日、みんなは何時に来ますか。

女: 午後1時です。

男: わかりました。楽しみです。

(14)(15)

男: 村田さん。

女: はい。

男: 明日の会議の件なんですが、資料の準備は大丈夫そうですか。

女: 参加人数はまだ分からないのですが。

男: そうですか。

女: すみませんが、吉田さんに人数のことを・長にもう一度確認してもらえませんか。

男: 私でよければ。すぐ確認しますね。

女: それは助かります。ありがとうございます。

第13回

（1）

女：田中さん、コンビニへ行きますが、なにかほしいものはありますか。

男：いえ、なにもありません。

女：アイスとか、コーラとかもいりませんか。

男：あ、じゃあアイスを買ってきてください。

女：はい、わかりました。

（2）

女：王さんは彼女がいますか。

男：いいえ、いません。

女：どんな人が好きですか。紹介しますよ。

男：優しくて年下の人が好きです。

女：そうですか。友達にいい人がいますから、紹介してもいいですか。

男：はい、よろしくお願いします。

（3）

女：ねえ、スーパーへ買い物に行きましょうよ。

男：ちょっと待って。今、ドラマを見ているから。

女：それ、何時まで？

男：3時半までだよ。

女：じゃ、4時に行きましょう。私は本を読むわ。

男：うん、わかった。

（4）

女：あ、それ、新しいパソコンですか。

男：ええ。先週買いました。

女：いいですね。でも、高かったでしょう。

男：いいえ。本当は5万円でしたが、3万円になりました。

女：それは安いですね。どこのお店ですか。

男：駅前の「はなまる電気」というお店です。テレビやエアコンも安いですよ。

（5）

女：あのう、マイクさん、その本を見せてくれませんか。

男：え？この日本語の本ですか。

女：ええ、そうです。わたしも買いたいですが、良いかどうかわかりませんから、ちょっと見

せてほしいです。

男：いいですよ。これは学校の隣の本屋で買いましたよ。そこはいい本がたくさんありますから、良いですよ。

女：そうですか。ありがとうございます。

（6）

女：昨日はいい天気でしたが、今日は雨ですね。

男：そうですね。今日は山登りをしたかったですが…。

女：今日はだめですよ。危ないと思います。

男：そうですね。明日の天気はどうですか。

女：明日は晴れと聞いていますよ。よかったですね。

男：ええ、よかったです。

（7）

男：あ、田中さん、ケータイを買いましたか。

女：ええ。買いました。

男：電話番号を教えてください。

女：いいですよ。090-3829-3333です。

男：はい、わかりました。僕のも教えます。080-3334-2221です。

女：はい、わかりました。

（8）（9）

男：山田さん、お誕生日おめでとうございます。はい、これ、プレゼントです。

女：わあ、きれいな花ですね。ありがとうございます。嬉しいです。

男：どういたしまして。でも、誕生日は明日の23日ですよね。

女：ええ。でも、明日は土曜日ですから。

男：明日は何かしますか。

女：はい。家族で旅行に行きます。父が、いいホテルを見つけたと言っていました。

（10）（11）

男：マリアさん、今日、うちに来ますか。王さんとリンさんは来ると言っています。

女：あっ、すみません。今日はちょっと…。

男：アルバイトですか。

女：ええ。5時から。

男：そうですか。何時までですか。

女：7時までです。

男：そうですか。車で迎えに行きましょうか。今日はみんなうちでパーティーをしたあと、泊まると言っていますよ。

女：そうですか。私も泊まってもいいですか。

男：いいですよ。じゃ、7時10分くらいに迎えに行きます。

女：わかりました。ありがとうございます。

（12）（13）

女：王さん、日曜日、一緒に映画を見ましょう。

男：いいですよ。あ、でも、昼でいいですか。

女：いいですけど、夜はなにかありますか。

男：夜は母の国へ帰ります。

女：そうですか。いつ日本に戻りますか。

男：夏休みの最後の日ですよ。8月24日だと思います。

女：そうですか。長い旅、大変ですね。

男：いや。飛行機に乗るのが好きですから、それほど。

女：そうですか。

（14）（15）

男：ああ、ビールはおいしいですね。

女：ちょっと、たくさん飲んではいけませんよ。明日も仕事ですから。

男：大丈夫ですよ、まだ少しだけですから。

女：そうですか。でも、11時半ですよ。電車がなくなりますよ。

男：ああ、それは大丈夫ですよ。僕は近いですから、歩いて家へ帰ります。ここから5分です。

女：でも、私のほうは遠いですよ。ここから歩いて1時間くらいあります。

男：そうですか。じゃ、タクシーで帰りましょう。僕が奢りますから。

女：ほんとうですか。ありがとうございます。

男：いえいえ。

第14回

（1）

女：みなさん、おはようございます。

男：先生、おはようございます。

女：あれ？今日、王さんとヤンさんは休みですか。

男：はい、そうです。今日は僕とリンさんとマイクさんの3人です。

女：そうですか。じゃ、授業を始めます。

（2）

女：お腹が空きました。何か食べたいです。

男：僕はハンバーガーが食べたいです。

女：それは太りますね。わたしはサラダがいいです。

男：え？それで大丈夫ですか。

女：ええ、大丈夫ですよ。

（3）

男：田中さん、はい、これどうぞ。

女：え？チーズですか。

男：昨日北海道へ旅行しましたから、買って来ました。どうぞ、食べてみて。

女：そうですか。じゃ、いただきます。ありがとうございます。

（4）

女：佐々木部長はいますか。

男：いえ、今はいません。今日は出張です。

女：そうですか。いつ帰りますか。

男：明後日の昼です。なにかありますか。

女：ええ。この資料を部長に渡してくれませんか。

男：はい、わかりました。

（5）

女：みなさん、たくさん飲んでくださいね、ビールはたくさんありますから。

男：あのう、あとどれくらいありますか。

女：あと30本くらいです。

男：そうですか。じゃ、コーラは？

女：コーラはあと5本です。後で買いに行きます。

男：じゃ、僕が行きますよ。

（6）

女：すみません、牛肉はいくらですか。

男：いらっしゃいませ。100グラムで300円です。

女：じゃ、400グラムください。

男：わかりました。1200円です。

女：じゃ、2000円でお願いします。

男：はい。800円お返しします。ありがとうございました。

（7）

女：マイクさんは、1年前に日本に来ましたね。

男：ええ、そうですよ。北京の空港から、関西空港まで。

女：関西空港から、何で学校まで来ましたか。

男：電車です。日本のタクシー代は高いですから。

女：そうですか。私はいつもバスで行きます。便利ですから。

（8）（9）

女：ああ、心配です。

男：テストですか。

女：ええ。英語のテストは1時からでしょう。

男：ええ。でも、あと2時間もありますよ。

女：はい。

男：勉強しませんか。

女：教科書を忘れました…。

男：それは大変ですね。僕のを見ますか。

女：え、いいですか。

男：はい、一緒に勉強しましょう。

女：ありがとうございます。助かります。

（10）（11）

男：ああ、桜がきれいですね。

女：ええ。私、春が一番好きです。花がきれいですから。

男：僕も好きです。あ、来週花見をしませんか。「さくら公園」という公園がちかくにあると聞

きました。

女：いいですね。じゃ、わたし、弁当を作ります。

男：本当ですか。じゃ、僕は飲み物を持って来ます。

女：楽しみですね。

男：ええ、本当に楽しみです。

（12）（13）

男：あ、田中さん、こんにちは。

女：ああ、王さん、お久しぶりですね。

男：ええ。お久しぶりです。本屋で何か買いましたか。

女：はい。英語の本を買いました。王さんは何を買いに来ましたか。

男：私は日本語の本を買いに。田中さんはこれからどこへ行きますか。

女：スーパーへアイスを買いに行きます。

男：そうですか。じゃ、気をつけて。

女：ええ、ありがとうございます。王さんも気をつけてくださいね。

男：はい、わかりました。

（14）（15）

女：こんにちは。初めまして、マリアといいます。よろしくお願いします。

男：こんにちは。太郎といいます。よろしくお願いします。

女：太郎さんは日本人ですよね。

男：ええ。でも、生まれたのは中国ですよ。父が中国で仕事をしていましたから。

女：そうですか。私はアメリカで生まれて、アメリカで育ちました。

男：日本にはいつ来ましたか。

女：五年前です。

男：長いですね。日本語がとても上手です。

女：本当ですか。嬉しいです。ありがとうございます。

第15回

（1）

女：見てください、この写真、きれいでしょう。

男：わあ、綺麗な海ですね。いつ行きましたか。

女：一昨日です。父と、妹と旅行へ行きました。その時に撮りました。

男：そうですか。いいですね。

（2）

男：すみません、これ、いくらですか。

女：それは2100円です。

男：あっ。

女：どうしましたか。

男：すみません、今あるのは2000円だけで、100円がありません。ちょっと銀行へ行って来てもいいですか。

女：ええ、いいですよ。

（3）

男：田中さんは、1人で住んでいますね。

女：ええ。マンションです。

男：何階ですか。

女：3階です。1階はうるさいし、危ないです。2階もうるさいです。3階がいいですよ。

男：そうですか。

（4）

女：王さん、今日は電車がとまっていましたね。

男：ええ。僕のところはあまり影響を受けませんでした。

女：そうですか。電車の事情で、私、今日はバスで来ました。

男：そうですか。それは大変でしたね。

（5）

女：はあ、疲れました。

男：お疲れ様です。明日は休みですから、がんばりましょう。

女：そうですね。明日は彼とデートですから、今日はがんばります。

男：いいですね。僕は子供と遊びます。

女：それもいいですね。

（6）

女：もしもし、王さん。明日、何時に会いますか。

男：映画は2時からですから、1時半はどうですか。

女：うーん、じゃ、お昼ご飯を食べる時間がありませんよ。

男：あ、そうですね。じゃ、12時はどうですか。

女：ええ、いいですよ。いい喫茶店がありますよ。

男：じゃ、そこに行きましょう。

（7）

女：王さん、一緒にスーパーへ行きませんか。

男：え？もう8時ですよ。

女：大丈夫です。スーパーは9時までですから。

男：そうですか。朝6時から夜9時までですか。長いですね。

女：そうですね。でも、便利です。

（8）（9）

男：すみません、この花、いくらですか。

女：あ、こちらは一本200円です。

男：きれいな花ですね。リボンをつけてもらえますか。

女：ええ。プレゼントですか。

男：はい。明日は彼女の誕生日ですから。彼女は花が大好きです。

女：そうですか。いいですね。何本いりますか。

男：3本お願いします。はい、600円。

女：あ、3本でしたら、500円です。

男：そうですか。安いですね。

（10）（11）

男：みなさん、もうすぐ冬休みです。

女：先生、いつからですか。

男：30日からです。来月の17日までです。宿題がたくさんありますから、みなさん頑張ってください。

女：ええ…。どれくらいありますか。

男：英語と、数学と、理科です。50ページくらいあります。

女：それは多いです。

男：そうですね。でも、簡単ですから、すぐにできますよ。頑張ってくださいね。

女：はい、わかりました。

(12)(13)

女：太郎、晩御飯よ。

男：ありがとう、お母さん。今日は何？

女：今日はステーキよ。早く食べてね。

男：どうして。

女：お母さんは食べてから仕事をするから。仕事の前に掃除をしなければならないでしょう。

男：そう。じゃ、僕が掃除するよ。お母さんは仕事をがんばって。

女：え？本当？いいの？

男：うん、いいよ。

女：太郎、ありがとう。じゃ、ゆっくり食べてね。

(14)(15)

女：王さん、大阪への切符は買ってくれましたか。

男：はい。買いましたよ。

女：いくらでしたか。今、お金を払ってもいいですか。

男：ええ、いいですよ。2枚で4万円でしたから、1枚2万円です。

女：はい、どうぞ。

男：ありがとうございます。楽しみですね。僕、お好み焼きが食べたいです。

女：わたしも食べたいです。あと、かわいい服を買いたいです。

男：僕はかっこいい靴を買います。大阪は安いと聞きましたから。

女：ええ。たくさん買いましょう。

第16回

(1)

男：あ、田中さん。おいしそうですね。

女：ああ、王さん。おいしいですよ。ここのラーメンは安いし、おいしいです。

男：そうですか。僕はあそこの喫茶店でサンドイッチを食べます。

女：そうですか。いってらっしゃい。

(2)

女：うーん、どれが一番いいかな。

男：そうだね…、僕は英語のCDを買いたい。でも、スペイン語のCDもほしい。

女：どっちも買う？

男：いや、お金があまりないから。

女：じゃ、どうする？

男：そうだね。英語のほうにするよ。

(3)

男：週末、どこへ旅行しますか。

女：北海道はどうですか。

男：いいですけど、北海道は冬がいいですよ。スキーができますから。

女：じゃ、沖縄？でも、沖縄は暑すぎます。

男：京都はどうですか。きれいな街がありますよ。

女：じゃ、そうしましょう。

(4)

女：あのう、先生。今日は、はやく帰ってもいいですか。

男：え？どうしましたか。まだ英語の授業がありますよ。

女：ちょっと頭が痛いです。

男：それはいけませんね。薬はありますか。

女：いいえ。薬がありませんから、病院に行きたいです。

男：わかりました。いいですよ。気をつけてくださいね。

(5)

女：王さん、最近娘さんが生まれたと聞きましたよ。おめでとうございます。

男：ありがとうございます。

女：お名前はもう決めましたか。

男：ええ。「ハナ」という名前にしました。きれい
　　な子になってほしいですから。

女：へえ、いい名前ですね。

(6)

女：もしもし、王さん、今どこですか。

男：今は会社ですが、どうしましたか。

女：仕事は何時までですか。今日の晩、みんなで
　　ご飯を食べますが、来ますか。

男：あ、すみません。今日はちょっと…。

女：そうですか。わかりました。

(7)

女：はあ、疲れました。あまり動いていませんけ
　　ど…。

男：僕も2年前までは、すぐに疲れませんでした
　　が、最近はすぐに疲れます。

女：そうですか。25歳と27歳は違いますね。

男：ええ。25歳の時は本当に元気でした。

(8)(9)

女：佐々木さん、日曜日、時間がありますか。

男：はい、どうしましたか。

女：うちの近くに新しい映画館ができました。
　　今、映画のチケットは1000円ですから、一緒
　　にいきませんか。

男：いいですね。なんの映画が見たいですか。

女：「スーパーガール」が見たいです。

男：あ、僕も見たいと思っていました。

女：一緒に見ましょう。12時に映画館で会いま
　　しょう。いいですか。

男：あ、僕、車で山田さんのうちまで行きます
　　よ。一緒に映画館までいきましょう。

女：本当ですか。じゃ、お願いします。

(10)(11)

男：すみません、ちょっと聞いてもいいですか。

女：はい、何ですか。

男：女の人は、誕生日にどんなものがほしいで
　　すか。

女：ああ、彼女さんの誕生日ですか。

男：ええ。彼女に何をあげるか、わからない
　　です。

女：彼女さんになにがほしいか聞きませんか。

男：それはちょっと…。彼女は花がすきですか
　　ら、花をあげるのはどうですか。

女：いいと思いますよ。あと、手紙を書くともっ
　　と良いです。

男：そうですか。じゃ、そうします。ありがとう
　　ございます。

(12)(13)

男：あ、この音楽いいですね。誰の曲ですか。

女：これは「吉田アン」という人の曲です。

男：いい歌ですね。他にもいい歌がありますか。

女：たくさんありますよ。CDを貸しましょうか。

男：いいですか。じゃ、お願いします。いつ貸し
　　てくれますか。

女：そうですね…、今日はどうですか。うちまで
　　来てくれますか。

男：すみません、今日はアルバイトがありますか
　　ら、いけません。明日でもいいですか。

女：明日は、わたしがアルバイトです。明後日は
　　どうですか。

男：大丈夫です。じゃ、おねがいします。

(14)(15)

男：ただいま。ちょっと、疲れた。

女：大丈夫？ご飯ができているけど、先に食
　　べる？

男：いや、先にシャワーを浴びたい。

女：わかったわ。今日、ビールを飲む？

男：飲みたいね。でも、明日も仕事だからな…。

女：じゃ、少し飲む？

男：そうだね。そうするよ。

女：じゃ、準備するから、シャワーを浴びて。今日
　　の晩御飯はあなたが好きなからあげよ。

第17回

（1）

男：ああ、お腹がすいた。なにか食べたいな。

女：じゃ、あとで近くのカレー屋にいきましょう。

男：いいね。それから、喫茶店でコーヒーを飲みたいな。

女：はい、いいですよ。いきましょう。

（2）

女：もしもし、今、バス停につきましたけど、王さんはどこにいますか。

男：わたしはまだ学校です。すこし待ってください。

女：いいですけど、雨が降っていますから、早く来てくれますか。

男：はい、急ぎます。

女：わかりました。じゃ、またあとで。

（3）

女：わあ、みてください。あれ、きれいですね。

男：本当に綺麗ですね。東京では星が見えませんから…。

女：北海道の星は本当にきれいです。

男：ええ。また一緒に来ましょうね。

女：はい。今度は、冬に来ましょう。冬は空気がきれいですから、星はもっときれいだと思いますよ。

（4）

男：山田さん、誕生日はいつですか。

女：6月30日です。鈴木さんは？

男：僕は8月20日です。

女：そうですか。わたしたち、3年前に友達になりましたが、誕生日を知りませんでしたね。

男：ええ。僕もそう思って、聞きました。

女：そうですか。

（5）

男：それでは、中野さん。すこし聞きます。

女：はい、どうぞ。

男：中野さんは、どうしてアナウンサーになりましたか。

女：はい、私はテレビが好きでした。子供の時、テレビで見たアナウンサーがとてもかっこよかったですから、アナウンサーになりたいと思いました。

男：そうですか。他になりたい者はありましたか。

女：いいえ、ありませんでした。

（6）

女：おじゃまします。

男：いらっしゃい。好きなところに座ってね。

女：ありがとう。あ、このテレビ、新しいね。買ったの？

男：うん。先週、「タナカ電気」で。15万円くらいだったけど、店長さんが13万円にしてくれたよ。

女：へえ、いいね。

（7）

女：あ、今日はバレンタインデーだね。

男：いや、今日はまだ2月13日だよ。バレンタインデーは、14日でしょう。

女：あ、そうだった。王さんは、去年奥さんからチョコをもらいましたか。

男：ええ。でも、中国では男性からあげます。

女：そうですか。日本とちがいますね。

男：ええ。

（8）（9）

女：疲れましたね。なにか食べませんか。

男：ええ、食べましょう。何が食べたいですか。

女：寿司がいいですね。

男：じゃ、近くの寿司屋にいきましょう。

女：あっ、食べる前に温泉にいきませんか。

男：え？でも、お腹はすきましたよ。先に食べて、それから温泉へいきましょう。

女：そうですね。じゃ、いきましょう。

男：はい。

（10）（11）

女：週末、どこへ行きますか。

男：プールはどうですか。夏ですし、プールに行きたくなりますね。

女：いいですね。どの電車で行くのが良いですか。

男：いえ、車がありますから、車で行きましょう。

女：車を買ったんですか。

男：ええ。黒い小さな車ですが。他に誰か呼びますか。

女：田中さんを呼びましょう。彼は運転もできますから。

男：そうですか。じゃ、行く時は僕で、帰りは彼にお願いしましょう。

女：そうしましょう。

（12）（13）

男：もしもし木村さん、昨日、大丈夫でしたか。お酒をたくさん飲んでいましたけど…。

女：ああ、山田さん。今は大丈夫ですが。昨日は大変でした。

男：どうしましたか。

女：電車に乗っていましたが、降りる駅を間違えて…。もう電車はありませんでしたから、タクシーで帰りました。家が遠いですから、8000円もかかりました。

男：それは大変でしたね。今日はずっと家にいますか。

女：ええ。頭が痛いですから。ずっと寝ています。

男：そうですか。なにか必要なものはありますか。

女：いえ、水もありますし、大丈夫ですよ。

男：そうですか。

（14）（15）

女：電車の時間まですこしありますから、喫茶店にいきましょう。

男：ええ、いいですよ。何を飲みますか。

女：わたしはコーヒーです。太田さんは？

男：ぼくもコーヒーにします。ケーキもすこし食べたいです。

女：いいですね。

男：あ、電車は何時ですか。

女：3時です。あと1時間半もありますから、ゆっくりできますよ。

第18回

（1）

男：もしもし、田中さん、今何をしていますか。

女：公園を散歩していますけど。

男：そうですか。昼ごはん、うちで一緒に食べませんか。

女：ええ。いいですよ。じゃ、またあとで。

（2）

女：昨日は雨がすごかったですね。王さん、大丈夫でしたか。

男：いえ、傘がなかったですから、7時に仕事が終わりましたが、9時まで会社で雨がやむのを待っていましたよ。

女：でも、止まなかったでしょう。

男：ええ。ですから、タクシーで帰りました。3000円もかかりました。

女：それは大変でしたね。

（3）

男：最近、若い女の人はみんなかっこいい歌手が好きですね。

女：えっ？そうですか。

男：田中さんは、どの歌手が好きですか。

女：うーん、歌手はちょっとわかりません。私は野球がすきですから、野球選手が好きです。

男：ああ、そうですか。僕も好きですよ。

（4）

女：わあ、このお弁当、おいしそうですね。

男：これは「機内食」と言いますよ。飛行機で食べるご飯のことです。

女：そうですか。じゃ、新幹線や電車は？

男：それは、「駅弁」といいます。おなじ食べ物ですが、名前が違います。

女：知らなかったです。

(5)

男： もしもし、星田宅急便の山田といいます。木村様ですか。

女： はい、そうですが。

男： 大阪から荷物があります。今日の午前11時、午後2時、午後5時お届けできますが、何時がいいですか。

女： 午後2時でお願いします。

男： はい、わかりました。

(6)

女： あ、タオルが安い。買いたいな。

男： いいね。何枚買うの。

女： そうね…、うちは5人家族だけど、お父さんは今出張で上海にいるから、家にいるのは4人なの。だから、4枚買うわ。

男： でも、お父さんは来月帰ってくるんでしょう。

女： あ、そうね。じゃ、5枚にするわ。

(7)

女： すみません、次の電車は何時に来ますか。

男： 次は特急は5時、急行は5時10分、普通は5時20分です。

女： わかりました。さかい駅はどれにのればいいですか。

男： さかい駅でしたら、普通電車ですね。

女： はい、ありがとうございます。

(8)(9)

男： おはようございます、お久しぶりです。

女： ああ、王さん、お久しぶりです。夏休みはどうでしたか。

男： ええ、楽しかったです。久しぶりに国へ帰って、家族と友達に会いました。

女： それはよかったですね。

男： ええ、あ、これ、中国のお土産です。

女： えっ?これは何ですか。

男： ひまわりの種です。おいしいですよ。日本にはあまりありませんが…。

女： え、そうですか。今食べてもいいですか。

男： どうぞ。

女： わあ、おいしい。ありがとうございます。

男： いいえ、どうしたしまして。

(10)(11)

男： （電話の音）はい、三つ星ホテルでございます。

女： あっ、もしもし、すみません、ちょっと聞きたいですが。

男： はい、なんでしょうか。

女： 来週の予約を取りたいのですが、いつあいてますか。

男： はい、来週は月曜日、火曜日、木曜日、土曜日ならあいていますよ。

女： 水曜日は?

男： すみません、水曜日はもう予約いっぱいです。

女： そうですか。水曜日はあいているならいいですが…

男： あっ、お客様。今確認したところ、水曜日は、タバコを吸っても良い部屋はまだ1部屋あります。

女： すみません、タバコは苦手なんです。じゃ、ほかのホテルに聞いてみます。

男： またのご来店をお待ちしています。

(12)(13)

男： お入りください。

女： 山田先生、おはようございます。

男： あ、おはよう。どうしましたか。

女： 今日は王さんが休みです。

男： え?本人から連絡はないのに。

女： 実は、王さんはわたしに、先生に言ってくださいと言っていました。

男： そうですか。分かりました。学校を休むときは友達に言ってもらうのではなくて、必ず学校に電話するよう、王さんに伝えておきなさい。

女： はい、わかりました。

(14)(15)

男: あのう、食パンはありますか。

女: はい、ありますよ。焼きたてです。

男: 1個ください。

女: はい、400円です。今日は割引で、2個買う
と、600円になりますが。

男: そうですか…。でも、ぼく、一人暮らしいな
ので、2個は食べ切れません。

女: 冷凍庫にいれておけば1週間ぐらい保存でき
ますよ。

男: うちの冷蔵庫は小さいので、やっぱり1個でい
いです。

第19回

(1)

女: もうすぐ春休みですね。

男: ええ。そうですね。チョウさんは、国へ帰り
ますか。

女: はい。22日から。春休みは21日からですか
ら、その次の日の飛行機で帰ります。

男: そうですか。楽しみですね。

女: はい、本当に楽しみです。

(2)

男: 映画、おもしろかったですね。これからどう
しますか。

女: そうですね。近くにデパートがありますか
ら、そこへ行きますか。

男: そうですね。あ、晩御飯はどうしますか。

女: すみません、今日は6時に帰らなければなら
ないですから、晩御飯は家で食べます。

男: そうですか。わかりました。

(3)

女: 王さん、お昼ご飯の時間ですから、何か食べ
にいきませんか。

男: あっ、すみません。もうたべました。

女: 早いですね。何を食べましたか。

男: サンドイッチです。さっき、コンビニで買い
ました。

女: そうですか。いいですね。

(4)

女: 木村さん、こんにちは。

男: あ、山田さん。こんにちは。あれ?こちら
は…。

女: 私の妹です。「花子」といいます。まだ5歳
です。

男: そうですか。かわいいですね。今日は2人で公
園を散歩していますか。

女: ええ。健康にいいですから。

(5)

女: きれいですね。日本の夏は、花火があってい
いですね。

男: 中国にはありませんか。

女: 花火はありますけど、正月です。夏はありま
せん。

男: そうですか。でも、日本は冬に花火はありま
せんよ。

女: えっ、そうですか。日本もあると思っていま
した。

(6)

男: 田中さん、「木村シロー」という歌手は知って
いますか。

女: 知っていますよ。大好きですから。

男: えっ!そうですか。僕も大好きです。チケット
が2枚ありますから、歌を聞きにいきま
せんか。

女: ほんとうですか!行きたいです。いつで
すか。

男: 来週の土曜日です。

女: わかりました。楽しみです。

(7)

女: あのう、すみません、東京駅にはどうやって
行きますか。

男: 2番線の東京行きの電車に乗ってください。15
分くらいでいけますよ。

女: そうですか。切符はどこで買いますか。

男: あそこに切符売り場がありますよ。ここから

東京駅までは420円です。

女：わかりました。ありがとうございます。

（8）（9）

女：あのう、王さん、日本語のCDを持っていますか。

男：ええ、ありますけど。

女：明後日まで貸してくれませんか。明後日、テストがありますから。

男：いいですけど、テストの後、すぐ返してもらえますか。来週、僕もテストがありますから。

女：はい、わかりました。

男：CDは学生寮に置いてありますが、放・後、学生寮に取りにきてくれませんか。

女：はい、わかりました。学生寮の3階ですよね。

男：ええ。1階のホールで会いましょう。

女：わかりました。

（10）（11）

男：すみません、この服、2枚でいくらですか。

女：こちらは1枚1000円で、2枚で1800円になります。

男：なかなか安いですね。

女：はい。こちらは去年のデザインですから。新しいのは、あちらにあります。

男：新しいのはいくらですか。

女：1枚2000円です。

男：そうですか。高いですね。かわいいけど。

女：ええ。大変人気ですよ。

男：余裕がないから、やっぱりこの安いのにします。

女：かしこまりました。ありがとうございます。

（12）（13）

女：ランさん、授業のあと、カラオケに行きま

せんか。

男：いいですね。どこのカラオケですか。

女：駅前の。田中さんが1000円安くなるチケットを持っていますから、みんなで行こうと言いました。

男：そうですか。学校から行きますか。一回家に帰りますか。

女：学校から行きますよ。

男：そうですか。すみません、僕、財布を家に忘れましたから、一回家に帰ってもいいですか。みんなは先に行ってください。

女：わかりました。どうやっていくか、わかりますか。

男：ええ、大丈夫です。わからないときは、電話します。

女：はい、わかりました。

（14）（15）

男：田中さん、このケーキ、おいしいですよ。

女：え？ケーキも買いましたか。

男：いや、部長からいただきました。お客さんに買ったけど、来なかったから、みんなで食べようとおっしゃいました。

女：そうなんですか。いろいろな種類がありますね。

男：そうですね。いちごと、みかんと、くりと、チーズですね。

女：くりも好きで、チーズも食べたいなあ。どうしよう。

男：このケーキ屋はチーズケーキが定番ですよ。

女：そうですか。じゃ、チーズにします。

男：はい。どうぞ。

第20回

（1）

男：田中さん、音楽を聴いていますか。

女：ええ。これはアメリカの曲です。英語の先生に教えてもらった曲です。本当にいい曲で、大好きです。

男：そうですか。僕は韓国の曲が大好きです。

女：それは、わたしはあまりききません。今度教えてください。

男：ええ、いいですよ。

(2)

女：昨日の花火、とてもきれいでしたね。

男：ええ。日本の花火は初めて見ましたが、ほんとうにきれいです。国に居る家族にも見せたいと思いました。

女：家族が日本に来た時は、また一緒に見ましょうね。

男：はい。楽しみです。

(3)

男：わあ、これ美味しいですね。日本にも、美味しい餃子があるのは知りませんでした。

女：ええ。おいしいでしょう。ここの店長さんは、中国で餃子の作り方を修業しましたから。

男：へえ。そうですか。また、来ましょう。

女：ええ。次はチャーハンを食べましょう。それも美味しいですから。

(4)

女：もしもし、明日、何時に来てくれますか。

男：すみません、明日、昼からでもいいですか。車で行くと言いましたが、母が朝、車を使いますから、僕が使えるのは昼からです。

女：そうですか。じゃ、わたしが行きましょうか。山田さんのうちは駅前のマンションですよね。

男：ええ、そうです。

女：じゃ、行きます。

(5)

男：田中さん、今日も星を見に行きませんか。

女：いいですね。前に見たのはいつでしたか。

男：先週ですよ。でも、あの日は天気があまり良くなかったですから…。今日は天気が良いですから、きれいだと思いますよ。

女：そうですか。それは楽しみですね。

(6)

女：あ、そのTシャツいいですね。色がきれいです。

男：ありがとうございます。これ、昨日デパートで買いました。

女：そうですか。高かったですか。

男：いいえ。1000円くらいでした。

女：安いですね。3000円くらいだと思いました。

(7)

女：すみません、これ、王さんにわたしてもらえますか。

男：え？王さんは、何組の人ですか。

女：8組です。一番背が高い人です。

男：そうですか。わかりました。あとでもいいですか。今からテストがありますから。

女：ええ、いいですよ。じゃ、よろしくお願いします。

(8)(9)

女：木村さん、明日は天気が良いと先生が言っていましたよ。どこかへ行きませんか。

男：ええ、いいですよ。どこへ行きますか。

女：わたし、新しくできた公園へ行きたいです。とても大きくて、花がきれいだと聞きました。

男：そうですか。いいですよ。

女：夜は、駅前の寿司屋へ行きませんか。

男：うーん、寿司はちょっと…。

女：じゃ、ハンバーガーはどうですか。

男：いいですよ。好きですから。

女：じゃ、明日は8時に駅で会いましょう。いいですか。

男：はい、わかりました。

(10)(11)

女：お腹が空きました。何か食べませんか。

男：はい。まだ、5時ですから、お菓子を食べますか。

女：いえ、もう晩御飯を食べましょう。夜、またお腹が空いたら、お菓子を食べましょう。

男：わかりました。何を食べますか。

女：ラーメンがいいです。先月行った、あのラーメン屋に行きましょう。

男：あそこは6時からですよ。

女: そうですか。じゃ、6時を過ぎてから行きますか。

男: あ、でも…。あそこは安くて美味しいですからとても人気です。早く行かなければ、長い時間並ぶと思います。

女: じゃ、今から行きましょう。開くのを待ちましょう。

(12)(13)

女: たけし、いつまで寝ているの。早く起きて。

男: いやだよ。まだ眠いし。

女: お母さんは、早く起きてご飯を食べて、掃除もしたよ。あなた、宿題がまだ終わってないでしょう。早く起きて、宿題をやって。

男: 宿題は夜やるよ。

女: だめよ。夜は眠いからできないでしょう。明日は学校だよ。

男: はいはい、わかった。じゃ、あと30分だけ、寝たい。8時半に起こして。朝ごはんを食べて、それからやるよ。

女: もう…わかったよ。

(14)(15)

男: 花子さん、旅行、楽しみですね。

女: ええ、王さん。わたし、特急電車に乗るのは初めてです。

男: そうですか。

女: ええ。机がありますね。新幹線に似ていますね。

男: そうですね。お昼ご飯はどうしますか。電車の中で食べますか。

女: え?電車で食べるのはダメでしょう。

男: この電車はいいですよ。弁当もうっています。

女: そうですか。じゃ、先に買いますか。

男: あっ、でも、ブラウンさんがまだ来ていませんよ。

女: 彼はバスで駅まで来ると言っていましたよ。

男: じゃ、バス停まで迎えに行きますか。

女: そうしましょう。

第21回

(1)

女: 田中さん、何を食べていますか。

男: ああ、これはチョコアイスですよ。山田さんも食べますか。

女: 何の味がありますか。いちごはありますか。

男: すみません、ありません。いちごが好きですか。

女: ええ。大好きです。

(2)

女: あ、その服、いいですね。デパートで買いましたか。

男: ええ。そうですよ。

女: いいですね。その靴もすてきですね。それも同じところで買いましたか。

男: いいえ、これは駅前の靴屋で買いました。

女: いいですね。私も、あたらしい靴がほしいです。

(3)

男: お母さん、お腹がすいた。おかしを食べてもいい?

女: だめよ。もうすぐ晩御飯ができるから。

男: 今日のご飯は何。

女: 野菜を炒めたものよ。あと、スープがあるわ。

男: スープは昨日も飲んだじゃない。

女: そうよ。まだたくさんあるから。飲んでね。

男: えー、わかったよ。

(4)

女: 王さん、明日、山へ行きませんか。

男: え?どうしてですか。

女: 星を見に行きましょう。明日は晴れですから、きれいに見えますよ。

男: そうですか。いいですよ。でも、午後6時までアルバイトですから、遅くなりますけど、いいですか。

女：いいですよ。車で行きましょう。

男：はい、わかりました。

（5）

女：もしもし、すみません、今日空いていますか。

男：はい。5時から空いています。

女：8時から3人で行っても大丈夫ですか。

男：はい。大丈夫ですが、閉店は9時です。

女：あ、じゃあ、7時にします。

男：はい、わかりました。では、お待ちしていますね。

女：ありがとうございます。

（6）

女：あ、王さん、こんにちは。どこへ行きますか。

男：あ、山田さん、すみません、ちょっと聞きたいです。

女：はい、何ですか。

男：一番安いスーパーに行きたいですが、「はなまるスーパー」と「ひまわりスーパー」、「ながれぼしスーパー」、どれがいいですか。

女：そうですね。「はなまるスーパー」は野菜が安いです。「ひまわりスーパー」は肉が安いです。「ながれぼしスーパー」はどちらも安いですね。

男：そうですか。わかりました。ありがとうございます。

（7）

女：さっきの映画、よかったね。

男：そうだね。いい映画だったね。

女：ええ。これからどうする？おなかは空いている？

男：うーん、あまり空いていない。

女：そうね。私も。でも、ちょっとコーヒーが飲みたいわ。

男：ぼくも。じゃ、喫茶店へいかない。

女：そうね。あ、その前にトイレへ行ってもいい？

男：うん。いいよ。じゃ、行こう。

（8）（9）

女：あっ、みてください。あの犬、かわいいですね。

男：そうですね。犬が好きですか。

女：ええ。大好きです。田中さんは、好きじゃないですか。

男：いいえ。でも、猫がすきです。家で猫を飼っていますから。

女：そうですか。いつから飼っていますか。

男：ぼくが12歳のときからです。友達の猫があかちゃんを産みましたから、もらいました。

女：いいですね。うちは何も飼っていませんから、何か飼いたいです。

男：犬はどうですか。

女：飼いたいですが、母は犬が好きじゃないです。

男：そうですか。それは残念です。

（10）（11）

男：今日は暑いですね。まだ6月ですよ。

女：そうですね。32度と天気予報で言っていました。

男：それはとても暑いですね。アイスを食べませんか。

女：いいですよ。どこで食べますか。喫茶店に入りますか。

男：うーん。コンビニのアイスが安いですよ。

女：でも、コンビニは座って食べるところがありませんよ。外で食べるのは暑いですよ。

男：そうですね。じゃ、コンビニで買って、それからうちへ来ませんか。うちで一緒に食べましょう。

女：行ってもいいですか。

男：ええ。冷たいお茶もありますから、はやく行きましょう。

女：そうですね。じゃ、コンビニへ行きましょう。

（12）（13）

男：先生、ちょっと聞きたいですが、いいですか。

女：ええ、いいですよ。

男：「ありがとうございます」と「ありがとう」はどうちがいますか。同じですか。

女：「ありがとうございます」は、知らない人や先生、店長とかに言います。「ありがとう」は家族や友達にいいます。

男：そうですか。わかりました。

女：日本語の勉強はどうですか。

男：難しいです。でも、楽しいです。日本人の友達がたくさんできましたから。

女：それはよかったですね。これからも頑張ってくださいね。

男：はい。ありがとうございます。

(14)(15)

女：すみません、ちょっといいですか。

男：はい。どうしましたか。

女：さっき、ここで財布を落としました。見ていませんか。

男：いえ。見ていません。

女：そうですか。すみません。

男：どんな財布ですか。時間がありますから、一緒に探しますよ。

女：本当ですか。色は黒色です。あまり大きくないです。中には5千円が入っています。

男：わかりました。まだ探していないところはどこですか。

女：トイレの方と、コンビニの方です。

男：じゃ、僕はコンビニの方へ行きますから、あなたはトイレの方へいってくれますか。

女：はい、わかりました。

第22回

(1)

男：明日の旅行、田中さんは行きませんか。

女：ええ。明日は試験がありますから。

男：そうですか。大変ですね。お土産を買ってきますね。

女：ええ。ありがとうございます。楽しみです。

(2)

女：王さん、コンビニへ行きませんか。

男：はい、行きましょう。なにを買いますか。

女：わたしは飲み物を買いたいです。王さんはなにを買いますか。

男：僕は飲み物はありますから、食べ物を買いたいです。最近チョコレートが好きですから、チョコレートを買いたいです。

女：いいですね。じゃ、行きましょう。

(3)

男：鈴木さん、今日、仕事のあと一緒にご飯をたべませんか。

女：あ、すみません。今日はちょっと。娘と映画を見にいきますから。

男：そうですか。じゃ、また今度一緒に行きましょう。会社の近くにおいしいお店ができたと聞きましたから。

女：ええ。時間があるときに、行きましょう。

(4)

男：あっ！どうしましょう。

女：えっ？どうしましたか。

男：学校にケータイを忘れました。

女：えっ。取りにいきますか。

男：そうですね。でも、先生が学校は6時以降は入れないと言っていました。

女：今は5時半ですね。走りましょう。

男：ええ。

(5)

女：ああ、今日は雨ですね。

男：そうですね。でも、映画館は建物の中ですから、大丈夫ですよ。

女：はい。でも、どうやって駅まで行きますか。

男：自転車はダメですね。バスもちょっと…。

女：タクシーで行きませんか。家の前まで来てくれますから、便利ですよ。

男：じゃ、そうしましょう。

(6)

男：佐藤さん、留学すると聞きましたが、本当で

すか。

女：ええ。来月からです。英語を勉強しにいきます。

男：どこへ行きますか。アメリカですか、イギリスですか。

女：いえ、オーストラリアです。

男：そうですか。頑張ってくださいね。

(7)

男：明日、楽しみですね。山へ行くのは初めてです。

女：そうですか。でも、明日の朝は雨ですよ。

男：えっ。でも、昼から晴れだとテレビで聞きました。

女：そうですか。じゃ、11時くらいに行きますか。

男：ええ。そうしましょう。

(8)(9)

女：あのう、すみません。

男：はい。

女：王さんですか。日本で留学していた時の…。

男：え？はい、そうですが…。あなたは？

女：私、同じクラスだったマリアです。覚えていますか。

男：ああ！はい、マリアさんですか。お久しぶりです。髪の毛の色が変わっていますから、わかりませんでした。

女：ええ。茶色でしたが、黒色にしました。王さん、どうしてアメリカにいますか。

男：今、旅行をしています。友達と駅で会います。

女：そうですか。駅まで送りましょうか。わたし、車がありますから。

男：ほんとうですか。ありがとうございます。じゃ、おねがいします。

女：ええ。どういたしまして。

(10)(11)

男：あっ、痛い。

女：え？どうしましたか。

男：足が痛かったです。

男：大丈夫ですか。たくさん歩きましたからね。疲れましたか。

男：ええ。ちょっと。

女：じゃ、休みましょう。そこの喫茶店にはいりましょうか。

男：いえ、大丈夫ですよ。久美子さん、他に見たいところがあるでしょう。早くいきましょう。

女：だめです。今休まなければ、もっと痛くなりますよ。それに、わたしも何か飲みたいです。はやく喫茶店へ行きましょう。

男：はい、わかりました。ありがとう。

(12)(13)

男：おはようございます。

女：あっ、田中さん、おはようございます。

男：今日の天気は良くないですね。雨がふっています。

女：そうですね。でも、夜には晴れると部長が言っていましたよ。

男：そうですか。あ、そうだ。近くにできた「ビビ・サンドイッチ」を知っていますか。

女：ああ、知っています。でも、行ったことがありません。

男：一緒に行きませんか。今日の昼は、どうですか。

女：いいですね。でも、雨は大丈夫ですか。

男：大丈夫だと思います。それに、店は歩いて2分くらいですから。

女：近いですね。

(14)(15)

女：こんにちは。暑いですね。

男：こんにちは。本当に暑いです。

女：今日はワンちゃんとお散歩ですか。かわいいですね。何歳ですか。

男：この子は2歳です。

女：へえ。いつから飼っていますか。

男：去年です。友達が外国にいきますから、もらいました。僕、犬は好きじゃなかったですが、

この子が来てから大好きになりました。

女: それはよかったですね。うちにも2匹いますよ。もっと大きいですが。

男: 本当ですか。今度、会いたいです。

女: いいですよ。あっ、今からうちへ来ませ

んか。

男: えっ、いいですか。

女: ええ。いいですよ。この公園から歩いて6分くらいですから。

第23回

(1)

女: 今日はいい天気ですね。どこかへ行きませんか。

男: いいですよ、海はどうですか。

女: 海は日当たりが強すぎてね。山のほうはどうですか。

男: じゃ、そこへ行きましょう。

(2)

女: わたし、週末は旅行にいきます。

男: そうですか。いいですね。どこへ行きますか。

女: 北海道です。魚がおいしいと聞きましたから。

男: へえ。それはいいですね、僕も旅行へ行きたいです。

(3)

女: あっ、王さん、大丈夫でしたか。

男: えっ?何がですか。

女: 先週、出張の時に病院へ行ったと聞きましたが。

男: ああ。それは、足が痛かったですから、薬をもらいに。でも、もう治りました。大丈夫ですよ。

女: そうですか。よかったです。

(4)

女: 今日はなにかありますか。

男: いいえ。なにも。

女: 何をしますか。雪が降っていますから、家の中でDVDを見ますか。

男: いいですね。じゃ、先になにか食べ物を作りましょう。

女: ええ、いいですよ。

(5)

女: 今日は寒いですね。

男: そうですね。夜から雨が降ると天気予報で言っていましたよ。

女: 本当ですか。知りませんでした。傘を家に忘れました。

男: 僕、車で来ていますから、家まで送りますよ。

女: 本当ですか。ありがとうございます。

(6)

女: 朝起きて、お湯を飲むと体にいいですよ。

男: そうですか。ぼくはいつも朝起きて、コーラを飲みます。

女: それは良くないですね。これからは、水かお湯を飲んでください。

男: はい、わかりました。

(7)

女: みてください。この広告。

男: あ、これはタナカ電気の広告ですか。なにか安いものはありますか。

女: 明日はパソコンがとても安いです。2万円ですよ。

男: 本当ですね。ほしいです。

(8)(9)

女: 明後日、国へ帰ります。

男: そうですか。また、日本へ戻って来ますか。

女: ええ。来月。

男: そうですか。飛行機で帰りますか。

女: いいえ、今回は船です。2日くらい乗ります。

男: 大変ですね。家族みんなで帰りますか。

女: いいえ、母は日本のおばあちゃんの家にいきます。母は日本人ですから。

男：そうですか。じゃ、お父さんが中国人ですか。

女：ええ。私も中国で生まれました。ですから、私の国も中国です。

男：そうですか。気をつけてくださいね。

女：はい。

(10)(11)

女：田中さん、誕生日おめでとうございます。

男：わあ、木村さん、知っていましたか。ありがとうございます。

女：これ、プレゼントです。

男：え？あ、ネクタイですか。きれいな色ですね。嬉しいです。

女：今日は、食事も用意してあるので、楽しみましょうね。

男：はい。何を食べますか。

女：寿司をたくさん買いました。あとで、中山さんと王さんも来ますよ。

男：ほんとうですか。ありがとうございます。楽しみです。

(12)(13)

女：もしもし、今スーパーにいます。ちょっと教えてほしいことがあります。

男：はい、何ですか。

女：冷蔵庫に卵は何個ありますか。

男：2こです。

女：じゃ、買います。あと、トマトは何個ありますか。

男：3こです。

女：そうですか。じゃ、買いません。あと、なにかほしいものはありますか。一緒に買って帰ります。

男：じゃ、コーヒーとアイスをお願いします。

女：はい、わかりました。それだけですか。

男：はい、大丈夫です。気をつけて帰ってきてください。

(14)(15)

女：ああ、この椅子いいわね。ほしいわ。

男：え？家にたくさんあるじゃない。

女：あれはちょっと低いのよ。もっと高い椅子がほしいわ。わたし、背が高いから。

男：そう。でも、それちょっと高いよ。

女：うーん、そうね。でも、わたしが好きな色は白だよ。この色の椅子って、あまりないのよ。

男：そう。じゃ、来月給料をもらって、それから買うのはどう？

女：その時には、もうないわよ。やっぱり、今日買いたい。

男：うーん、わかったよ。

第24回

(1)

女：ちょっと寒いですね。

男：そうですね。外は雨が降っていますから。温度がちょっと低いです。

女：そうですか。明日はどうですか。

男：明日は晴れますよ。

女：ああ、よかったです。

(2)

女：もしもし、今、どこにいる。

男：今はバス停だよ。これから駅へ行く。

女：遅いわね。私はもう駅にいるわよ。

男：ごめんね。ちょっと待ってね。

女：はやくしてね。駅の横のパン屋で待っているわ。明日の朝に食べるパンを買うわ。

男：うん。わかった。

(3)

男：ゆうこちゃん、久しぶりだね。

女：あっ、こんにちは。叔父さん。お久しぶりです。

男：大きくなったね。今年はもう23歳？

女：ええ。そうです。もう働いています。

男：どこで働いているの。

女：「さくら工房」というところです。パンを作っています。

男：いいね。がんばっているね。

(4)

女：すみません、ちょっと聞いてもいいですか。

男：いらっしゃいませ。どうしましたか。

女：友達にあげたいですが、どれが一番良いですか。

男：そうですね。ケーキはどうですか。

女：うーん。おいしいと思いますけど、800円はちょっと高いです。

男：じゃ、このチョコレートはどうですか。300円ですよ。それに、おいしいです。

女：いいですね。じゃ、それにします。

(5)

女：王さん、昨日のテレビ、見ましたか。

男：え？昨日は見ていません。

女：リンさんがテレビに出ましたよ。歌を歌いました。

男：本当ですか。すごいですね。

女：ええ、本当にすごいですよ。歌もとても上手でした。

(6)

女：日本は本当にいいところですね。

男：ええ、僕もそう思います。温泉が一番すきです。

女：そうですか。わたしは桜が一番すきです。本当に綺麗ですから。

男：あと、料理もおいしいですね。

女：ええ。大好きです。

(7)

男：あのう、すみません、車を買いたいんですが、どれが人気ですか。

女：いらっしゃいませ。この白いのほうが人気ですよ。値段は200万円です。

男：ちょっと高いですね。150万円くらいのがいいですけど。

女：では、こちらの黒いのはどうですか。160万円で、お買い得ですよ。

男：いいですけど…。もうちょっと予算をおさめ

たくて。

女：それでは、この金色のほうはいかがでしょうか。120万円です。

男：色がいいですね。試乗してもいいでしょうか。

女：はい、どうぞ。

(8)(9)

女：ねえ、京都へ行った時、どこに泊まる？

男：そうだね…。この「さくらホテル」はどう？安いし、ご飯もおいしいと書いてあるよ。

女：本当だ。あ、ここのホテル、映画をみることもできるの。すごいじゃない。

男：いいよね。それに、900円でビールを何杯でも飲んで良いって書いてあるよ。

女：いいね。じゃ、そこにしようか。電話しなければならないね。

男：そうだね。じゃ、僕があとで電話するよ。

女：うん。ありがとう。

男：たのしみだね。

(10)(11)

女：今日、兄が家に帰ってきます。

男：そうですか。お兄さんはどこにいますか。

女：中国ですよ。仕事で。

男：すごいですね。僕も外国へ行きたいです。

女：外国で仕事をしたいですか。

男：そうですね。でも、まずは外国に留学をしたいです。アメリカに行けば、英語を勉強することができますから。

女：そうですね。その国へ行くと、その国の言葉が勉強できますね。

男：ええ。そうですよ。ですから、はやく行きたいです。

(12)(13)

女：おはよう。朝ごはんは何を食べる。

男：そうだね…、パンはどう。

女：今、パンがないの。ご飯でもいい？

男：うん。いいよ。じゃ、僕が味噌汁を作るよ。

女：ありがとう。今日は映画を見に行くよね。

男: うん。12時から。3時に映画が終わるけど、なにがしたい?

女: 喫茶店でケーキを食べたいわ。

男: うん。いいよ。じゃ、今からご飯を食べて、部屋の掃除をしてから行こう。

女: ええ、そうね。

(14)(15)

女: 明日の旅行、たのしみですね。

男: ええ。本当に楽しみです。

女: 新幹線で何を食べますか。

男: え?いいえ、車でいきますよ。

女: え?そうでしたか。新幹線だと思っていました。

男: 大丈夫ですよ、僕が運転しますから。午前11時にホテルに着いていいから、朝の9時に家を出ますよ。

女: わかりました。ホテルは「ささやきホテル」ですよね。

男: いいえ。「ほしのホテル」です。「ささやきホテル」はちょっと高いですから。でも、「ほしのホテル」は安いし、きれいですよ。

女: そうですか。たのしみです。

第25回

(1)

男: もう遅いですね。そろそろ帰りましょうか。

女: ええ。そうですね。じゃ、私は電車ですから…。

男: いやいや、タクシーで送りますよ。家はどちらですか。

女: さくら市です。でも、ちょっと遠いですよ。

男: いいですよ。もう遅いですから、1人で夜の道を歩くのは危ないですよ。さあ、タクシーに乗りましょう。

女: ありがとうございます。

(2)

女: 太郎さん、23歳の誕生日おめでとうございます。

男: ありがとうございます。

女: でも、誕生日は昨日でしたね。遅くなって、すみません。

男: いえいえ。昨日は学校が休みでしたから。大丈夫です。来てくれてうれしいですよ。

女: 本当ですか。ああ、よかった。さあ、ケーキを食べましょう。

男: わあ。いただきます。

(3)

女: ああ、雨ですね。海にいきたいですが…。

男: そうですね。今日はだめですね。明日にしますか。

女: 明日は仕事です。明後日は大丈夫ですけど。

男: じゃ、明後日にしましょう。楽しみですね。

(4)

女: もしもし、すみません、ケーキ屋さんですか。

男: はい、そうです。

女: 今日は何時までですか。

男: 午後8時までです。

女: そうですか。今日、息子の誕生日で、ケーキをお願いしたいのですが…。

男: はい。何時に取りに来てもらえますか。

女: 7時半でもいいですか。

男: ええ、いいですよ。

(5)

女: 田中くん、結婚おめでとう。

男: いえ、まだですよ。結婚しましょうって言っただけです。

女: そうなの。じゃ、いつ結婚するか決めた?

男: 来年の2月です。彼女の誕生日ですから。

女: そうですか。楽しみですね。

男: ええ。

(6)

女: いらっしゃいませ。何にしますか。

男: あのう、ハンバーガーとチーズバーガーはいくらですか。

女: ハンバーガーが120円、チーズバーガーは150

円です。

男：じゃ、ハンバーガーをください。

女：はい。一緒にジュースはどうですか。100円です。

男：いいえ、いりません。

女：はい、わかりました。

(7)

女：ああ、忙しい、忙しい。

男：お母さん、何か手伝うよ。

女：本当？じゃ、お母さんは洗濯をするから、掃除をお願い。

男：わかった。トイレの掃除をするよ。

女：あっ、トイレはお母さんが午前中にしたわ。お風呂をお願い。

男：うん。わかった。

(8)(9)

女：もうすぐ動物園に着きますが、先に何か食べますか。

男：そうですね。でも、時間はありますか。

女：動物園は5時までですから、大丈夫だと思いますよ。

男：そうですか。じゃ、なにを食べますか。

女：動物園のとなりに、洋食屋がありますから、そこで食べましょう。カレーがおいしいと聞きましたよ。

男：そうですか。じゃ、そうしましょう。あ、ご飯を食べたら、コンビニへ行って飲み物を買いましょう。それから、動物園に入りましょう。

女：そうですね。

(10)(11)

男：明日、何時に家を出ますか。

女：そうですね…、ここから大阪までどれくらいですか。

男：車で2時間くらいですね。大阪に着いてから、すぐにホテルに行きますか。

女：ホテルはさくらホテルですよね。

男：いいえ。田中ホテルです。チェックインは午後3時からです。

女：でも、3時より早く大阪に行きたいです。

男：じゃ、先にごはんを食べましょう。それから、ホテルへいきましょう。

女：ええ。わかりました。じゃ、朝10時くらいに家を出ましょうか。

男：そうですね。

(12)(13)

男：山田さん、誕生日おめでとうございます。これ、プレゼントです。

女：わあ、きれいな花ですか。ありがとうございます。

男：よかったです。お昼、一緒にどうですか。

女：ああ、どこかご飯を食べにいきますか。

男：すみません、今日は仕事が忙しくて…。

女：そうですか。じゃ、また別の日に行きますか。

男：明日はどうですか。明日は、忙しくありませんから。

女：いいですよ。何を食べますか。

男：いい寿司屋がありますから、そこへいきましょう。

女：はい。とても楽しみです。

(14)(15)

女：すみません。

男：いらっしゃいませ。どうかされましたか。

女：あ、ワインを飲みたいですが、ワインのことについてあまり分かりません。少し紹介してもらえませんか。

男：はい、かしこまりました。ワインは赤と白の2種類があり、赤ワインはちょっと酸っぱいです。白ワインは甘いです。

女：どちらが人気ですか。

男：どちらも好きな方が多いと思いますが。でも、値段は違います。赤の方は2800円で、白は3900円です。女性のお客様には白の方をおすすめします。

女：そうですか。じゃ、白ワインをください。

男：はい、かしこまりました。今日は5月5日です

から、当店の商品はすべて5%の割引があります。

女：そうなんですか。ありがとうございます。

第26回

（1）

男：きれいな海ですね。

女：そうですね。海を見たのも初めてですね。

男：そうですか。

女：ほら、見て、この魚、なんか変な色をしていますね。

男：どれですか。あっ、確かに変ですね、ちょっと写真を撮りましょう。

（2）

女：今度の日曜日、遊園地へ行かない？

男：うん、いいね。晴れるそうだし。

女：そう。何で行く？電車？

男：でも、気温が高いと思うよ。やっぱり車で行ったほうがいいんじゃない？

女：そうね。そうしょう。

（3）

女：暑いですね。なにか飲みたいです。

男：僕もです。コンビニで水を買いますか。

女：うーん…。でも、疲れましたから、座りたいです。喫茶店へいきませんか。

男：いいですよ。じゃ、いきましょう。

（4）

女：寒いですね。暖かい温泉に入りたいです。

男：あっ、さくら町にありますよ。

女：え？ほしの町でしょう。でも、ちょっと遠いですよ。

男：いえ、さくら町に新しくできましたよ。近いですから、いきませんか。

女：本当ですか。いきましょう。

（5）

男：いらっしゃいませ。靴をお探しですか。

女：ええ。彼にプレゼントしたいです。

男：そうですか。では、この白い靴はどうですか。かっこいいし、人気ですよ。

女：うーん。でも仕事ではちょっと…。黒いほう

がいいです。

男：では、こちらはどうですか。

女：いいですね。これにします。

（6）

男：すみません、この花を1本ください。

女：はい、わかりました。300円です。プレゼントですか。

男：ええ。リボンをつけてください。

女：わかりました。あ、この花は1本で300円ですが、2本で500円、3本で800円ですよ。たくさんあるほうがきれいですよ。

男：じゃ、3本ください。

（7）

男：今日は田中さんの娘さんの誕生日ですね。

女：ええ。そうです。

男：このチョコレート、プレゼントです。娘さんにあげてください。

女：わあ、ありがとうございます。

男：もう10歳ですね。

（8）（9）

女：明日から夏休みですね。

男：そうですね。何をしますか。

女：私は明日、山へいきますよ。きれいな花を探しにいきます。

男：いいですね。僕はおばあちゃんの家にいきます。

女：そうですか。でも、他にもいろいろできますよ。休みは長いですから。

男：そうですね。30日もあります。

女：遊園地や、海や、温泉も行きたいです。

男：僕もです。

（10）（11）

男：ゆうこさん、明日、何時にいきますか。車で送ります。

女：えっと、11時の飛行機ですから、9時くらいに

家を出ます。

男: わかりました。それで、帰ってくるのはいつですか。

女: 12日です。午後4時に空港に着きます。

男: そうですか。じゃ、4時半くらいに迎えにいきます。

女: ありがとうございます。あっ、その時、コーヒーを買ってきてください。車で飲みたいです。

男: いいですよ。じゃ、上海の旅行、楽しんでくださいね。

女: ええ。ありがとうございます。

(12)(13)

男: もしもし、中山?

女: はい、中山です。社長、どうかされましたか。

男: 昨日言った会議のこと、準備できた?

女: あ、田中商社の本田社長との会議ですね。資料の準備はできました。

男: そっか、よくできたね。で、夕べ、会議室を使ったんだけど、今日、会議の前、ちょっと会

議室を片付けてもらえるかな?

女: はい、かしこまりました。すぐやります。

男: あとね、いそがなくてもいいんだけど、お茶の準備は片付けの後でお願いね。

女: はい、かしこまりました。

男: 以上で。

女: では、失礼します。

(14)(15)

女: はあ、疲れたね。

男: うん。でも、広島旅行は楽しかったね。

女: ええ。広島で食べたお好み焼きはおいしかったわね。

男: 本当においしかったよ。

女: 家に帰って、掃除をしなければならないね。

男: そうだね。忙しいよ。

女: 新幹線でちょっと休もう。お弁当は先に食べる?あとで食べる?

男: うーん、今はあまりお腹が空いていないから…。あとで食べるよ。

女: うん、わかったわ。

第27回

(1)

男: あ、佐々木さん、お疲れ様です。

女: あ、王さん。お疲れ様です。

男: 忙しそうですね。

女: ええ。10時までにさくら会社に行かなければなりません。午後からは大阪へ出張です。

男: そうですか。頑張ってください。

(2)

女: もしもし、今家にいる?

男: うん、家だけど。どうしたの。

女: 雨が降ってきたの。洗濯物を、家の中に入れてほしいの。

男: うん、わかった。

女: じゃ、お願いね。

(3)

女: ああ、暑い。アイスが食べたいです。

男: じゃ、コンビニへいきましょう。

女: わあ、たくさんありますね。バニラ味、いちご味、チョコレート味がありますよ。どれにしましょうか…。

男: 一個ずつ買いましょう。

(4)

女: あのう、すみません。聞いてもいいですか。

男: ええ。何ですか。

女: さくら駅に行きたいですが、あとどれくらいですか。

男: あと3つですよ。次が、おだ駅、その次が、なかじま駅、それから、さくら駅です。

女: わかりました。ありがとうございます。

(5)

男: いらっしゃいませ。今日は安いですよ。

女: 何が安いですか。

男：今日は肉がいちばん安いです。

女：野菜はいつですか。

男：野菜は明日ですよ。明日もまた買いに来てくださいね。

女：はい、わかりました。

(6)

女：明日は休みだけど、どこへ行きたい？

男：そうですね。島はどうですか。おいしい魚がありますよ。

女：いいですね。車で行きますか。

男：いえ、船で行きます。すぐですよ。

女：そうですか。じゃ、そうしましょう。

(7)

男：卒業おめでとうございます。

女：あら、ありがとう。

男：来月から先輩と一緒に学校へ行けないですね。寂しいです。

女：でも、来年卒業でしょう。来年、私と同じ大学をうけるって言っていたじゃない。一緒にいけるわよ。

男：そうですね。勉強がんばります。

(8)(9)

女：もしもし、田中さん。明日の旅行ですが、何時に家を出ますか。

男：10時くらいにホテルへ行きますから、8時に家を出ましょう。

女：はい、わかりました。朝ごはんはどうしますか。家で食べますか。

男：近くのコンビニでパンを買って、車で食べましょう。家で食べる時間はありませんよ。

女：そうですか。わかりました。ホテルは10時までに行かなければなりませんか。

男：いえ、10時じゃなくてもいいですよ。でも、早い方がいいでしょう。

女：そうですね。ホテルへ行って、それからお昼ご飯をたべますか。

男：ええ。買い物をして、何かおいしいものを食べましょう。

(10)(11)

女：はあ、忙しい、忙しい。

男：なにかお手伝いしましょうか。

女：ああ、じゃあ、掃除をしてください。私は、洗濯をします。そのあと、準備をしますから。

男：時間は大丈夫ですか。午後から出張に行かなければならないでしょう。

女：ええ。大丈夫です。今日はホテルに泊まるだけですから。仕事は明日からです。

男：どこのホテルにとまりますか。

女：大阪の、「ホテルゲート」です。きれいだと聞きましたから。

男：そうですか。気をつけていってらっしゃい。

(12)(13)

女：はじめまして。3年の田中です。

男：あ、はじめまして。2年の山田です。

女：あ、2年生ですか。4年生だと思いました。

男：いえいえ。

女：あ、このイベントは初めてですか。

男：ええ。そうです。次の土曜日ですよね。

女：いえ、日曜日ですよ。生徒だけで、イベントをやります。私たちは料理を作って、お客さんに売ります。

男：わかりました。何をつくりますか。

女：ラーメンです。でも、夏ですから、冷たいラーメンです。

男：はい、わかりました。

(14)(15)

女：ああ、寒いですね。もう冬ですね。

男：そうですね。よく晴れていますね。風は強いですが…。

女：ええ。でも、最近ずっと晴れですね。雨がふったのは二週間前ですよね。

男：そうですね。でも、晴れているほうがいいですよ。

女：そうですね。洗濯ができます。

男：ええ。外で散歩もできますよ。

女: 散歩は好きですか。
男: ええ。好きです。空をみたり、花をみたりす

るのが大好きですから。
女: 私も大好きです。

第28回

(1)
男: 今日は何時に晩ご飯にしようか。
女: 7時ごろでいいかな。
男: あまりお腹すいていないね。9時ごろでいい?
女: それは遅すぎじゃない?あまりにも遅く晩ご
飯を食べると、体に良くないよ。

(2)
女: 寝る前に牛乳を飲むことは、いいことだと先
生が言っていましたよ。
男: そうですか。僕はいつもおかしを食べます。
女: それは、よくないですね。太りますよ。
男: 大丈夫ですよ。今はまだ、太っていません
から。

(3)
女: 明日、何時にいきますか。
男: そうですね…。映画は午後3時からですが。そ
の前に買い物をしますか。
女: そうですね。お昼ご飯はどこで食べますか。
男: 家で食べましょう。それから、行きましょう。
女: はい、そうしましょう。

(4)
女: 田中さん。ちょっといいですか。
男: はい、どうしましたか。
女: 今日、リンさんが風邪で休みましたから、こ
の仕事をする人がいません。田中さん、やっ
てくれませんか。
男: はい、いいですよ。先に何をしますか。
女: コピーを作って、それから、会議に行ってく
ださい。
男: はい、わかりました。

(5)
男: はい、こちらはさくらレストランです。
女: あっ、すみません。今日何時からあいていま
すか。
男: 今日は4時からです。

女: じゃ、5時に3人で行きたいですが、いいで
すか。
男: はい、いいですよ。お名前はなんですか。
女: 山田です。
男: わかりました。お待ちしています。

(6)
女: デパートに行きたいです。一緒に行きま
せんか。
男: いいですよ。何か欲しいものがありますか。
女: ええ。新しいスカートがほしいです。
男: いいですね。じゃ、僕は靴がほしいです。
女: 見に行きましょう。

(7)
女: もうすぐ正月ですね。正月は国へ帰りま
すか。
男: いいえ。僕の国の春節はまだですから。
女: そうですか。中国の春節はいつですか。
男: 2月くらいです。
女: そうですか。日本より遅いですね。日本のお
正月は1月1日ですから。

(8)(9)
女: お父さん、喫茶店へ行かない?
男: いやだよ。今日は仕事が休みだから、家で寝
たいよ。
女: でも、今日はコーヒーが安いよ。お父さん、
コーヒー好きでしょう。
男: 好きだけど…。でも、外に行くのはいやだ。
女: どうして。
男: 服を着て、髪を洗わなければならないだろ
う。今は動きたくないから…。
女: じゃ、1人で行ってくる。2000円だけくれ
ない?
男: はいはい、どうぞ。
女: ありがとう。いってきます。

(10)(11)

男：いらっしゃいませ。何名様ですか。

女：1人ですが、いいですか。

男：はい、いいですよ。こちらへどうぞ。

女：ありがとうございます。

男：では、お客様。食べ物は何にしますか。

女：あのう、何かおすすめはありますか。

男：そうですね…。寿司が人気ですよ。あと、女性のお客様にはサラダも人気ですよ。

女：そうですか。じゃ、お寿司とサラダをお願いします。

男：わかりました。飲み物はどうしますか。ビールや、ワイン、焼酎もあります。

女：ジュースでもいいですか。お酒はちょっと…。

男：いいですよ。りんごジュース、コーラ、オレンジジュースがあります。

女：じゃ、コーラをお願いします。

男：はい、わかりました。

(12)(13)

女：わあ、海、きれいですね。

男：そうですね。晴れてよかったです。

女：そうですか。夏の海はよく行きましたが、冬は初めてです。

男：冬の海はどうですか。

女：きれいです。でも、ちょっと寒いです。

男：これ、どうぞ。あたたかいコーヒーですよ。

女：ありがとうございます。いつ買いましたか。

男：さっき、田中さんがトイレへ行ったときです。

女：そうですか。全然知らなかったです。ありがとうございます。

男：いいえ。どういたしまして。

(14)(15)

男：キムさん、ちょっといいですか。

女：はい。

男：来月、韓国へ行きます。韓国語を教えてくれませんか。

女：いいですよ。旅行ですか。

男：いいえ、出張です。

女：そうですか。何が知りたいですか。

男：じゃ、あいさつを教えてください。

女：はい、「こんにちは」は、「アンニョンハセヨ」といいます。

男：あんにょ…？難しいですね。英語の「ハロー」はだめですか。

女：いいですよ。でも、最近、日本のアニメが好きな人が多いですから、「こんにちは」もわかると思いますよ。

男：そうですか。よかったです。

第29回

(1)

男：お昼の時間ですね。食堂へいきませんか。

女：すみません、今日は弁当を買ってきて、友達と公園で食べます。

男：あ、そうですか。わかりました。

(2)

女：ああ、おなかが空いた。何か作る？

男：今日は僕がカレーを作るよ。

女：えっ？本当。じゃ、私はサラダを作るわ。

男：うん。お願い。あっ、明日は仕事が休みだから、ビールを飲みたいな。

女：いいわね。

(3)

女：このワイン、おいしいですね。いつのですか。

男：これは1995年です。

女：へえ。私が生まれた年ですね。すごいです。

男：そうですか。僕は1992年に生まれました。

女：じゃ、3歳上ですね。

男：そうです。若くていいですね。

(4)

女：いらっしゃいませ。

男：すみません、トマトはいくらですか。

女：120円です。

男：じゃ、玉ねぎは。

女：150円です。

男：そうですか。ありがとうございます。

(5)

女：あのう、この白い服は2000円と書いてありますけど、安くなりませんか。

男：ええ。安くなります。1000円安くなりますよ。

女：そうですか。ここにある服、全部ですか。この黒い服もですか。

男：いえ、そちらは安くなりません。新品ですから。

女：そうですか。じゃ、白いのだけください。

男：わかりました。

(6)

男：リンさん、留学に行くと聞きましたが、本当ですか。

女：ええ。そうですよ。来年の4月から。

男：日本へ行きますか。

女：いえ、アメリカです。日本は、来年の1月に旅行で行きますけど…。

男：そうですか。頑張ってくださいね。

(7)

女：明日、山へ行きませんか。

男：うーん、でも、明日は雨ですよ。雨の日は外に出たくないです。

女：雨の日はいつも何をしていますか。

男：家で本を読んでいます。

女：そうですか。私は車で買い物へ行きますよ。

(8)(9)

女：はあ、今日も仕事ですね。

男：そうですね。9時からですよ。頑張りましょう。

女：はい。先輩は、ここで何年働いていますか。

男：18歳からですから、10年くらいですよ。

女：すごいですね。私はまだ2年です。

男：でも、田中さんは仕事がよくできますよ。素晴らしいです。

女：本当ですか。嬉しいです。これからもがんばります。

男：ええ、一緒に頑張りましょう。

(10)(11)

女：日曜日は旅行ですね。楽しみです。

男：そうですね。北海道へ行くのは初めてですから、本当に嬉しいです。

女：そうですか。私は2回目ですよ。でも、飛行機に乗るのは久しぶりですから、たのしみです。

男：北海道は何が有名ですか。

女：メロンや、カニ、寿司とかです。

男：メロンが食べたいです。

女：ええ、食べましょう。他にもたくさんありますから、調べましょう。

男：そうですね。

(12)(13)

女：ああ、どうしましょう。

男：えっ?どうしましたか。

女：財布を落としました。明日、プレゼントを買わなければならないのですが…。

男：え?そうですか。じゃ、一緒に探しますよ。

女：ありがとうございます。

男：あれ?それ、その足はどうしましたか。

女：ああ、これは、さっき財布を探している時、ころびました。ちょっと痛いですけど、大丈夫ですよ。

男：そうですか。じゃ、僕はあっちを探してきますね。

女：はい、お願いします。

(14)(15)

女：さっきの映画、おもしろかったですね。

男：ええ。僕、おもしろい映画が好きです。

女：私も好きですよ。でも、こわい映画もすきですよ。

男：ああ、それはちょっと…。

女：そうですか。これからどうしますか。

男：そうですね。お腹が空きました。何か食べま

しょう。

女: いいですよ。寿司屋が近いですから、そこへ行きますか。

男: いいですね。あっ、でも、その前にコンビニへ行ってもいいですか。

女: はい、いいですよ。

第30回

(1)

女: 田中さんはいつも電車で会社へ来ていますよね。

男: ええ。そうですよ。山田さんはバスですよね。

女: いいえ、最近は車を買いましたから、車で来ています。

男: そうですか。いいですね。

(2)

女: 明日の天気は雨ですね。

男: ええ。運動会を行うのは無理ですから、授業になりますね。

女: そうですね。とても残念です。

(3)

女: ミンさんは日本語が上手ですね。

男: ええ、勉強しましたから。

女: どうして勉強しましたか。

男: 日本人の友達ができましたから。

(4)

男: ご飯は食べましたか。

女: ええ、もう食べました。

男: 何を食べましたか。今日も、弁当ですか。

女: いいえ、今日は食堂でカレーを食べました。

男: そうですか。いいですね。

(5)

男: 山田さん、コーヒーを10杯準備してください。

女: はい。会議ですか。

男: ええ。1時からですから、お願いします。

女: わかりました。あと30分ありますから、大丈夫だと思いますよ。

男: よかったです。

(6)

男: 来週の水曜日、出張します。

女: 15日ですね。どこへいきますか。

男: 上海です。18日までホテルにとまります。

女: そうですか。がんばってくださいね。

男: はい、ありがとうございます。

(7)

女: 今日は雨ですね。それに、寒いです。

男: でも、明日は暖かくなりますよ。

女: 本当ですか。じゃ、晴れますか。

男: ええ。天気予報ではそう言っていましたよ。

女: そうですか。よかったです。

(8)(9)

男: さくらが咲きましたね。一緒に公園へ花見にいきましょう。

女: すみません、わたしは行きたくないです。

男: えっ、どうしてですか。花がきらいですか。

女: いいえ、好きですよ。でも、今日は疲れているので…。

男: そうですか。大丈夫ですか。

女: ええ。でも、ちょっとお腹が空きました。

男: コンビニで何か買ってきますよ。なにがいいですか。

女: じゃ、うどんにします。

男: はい、わかりました。じゃ、ちょっと待っていてください。

(10)(11)

女: ちょっと疲れましたね。

男: ええ。喫茶店でちょっと休憩しましょうか。

女: ええ。何を飲みますか。

男: コーヒーがいいです。リンさんは?

女: わたしもコーヒーがいいです。あと、ケーキも食べたいです。

男: いいですね。ここのケーキは安いですね。300円ですよ。

女: 本当ですね。嬉しいです。

116

（12）（13）

男：先週の日曜日は楽しかったですね。

女：ええ。動物園に行ったのは初めてでした。

男：えっ、そうでしたか。小さい時、行きませんでしたか。

女：ええ。わたしの家はさくら駅のところにありましたから、動物園はとても遠くて。

男：31番線ですか。

女：ええ。

男：そうですか。動物園の駅は1番線ですから、それはすごく遠いですね。

女：そうです。車もありませんでしたから、行きませんでした。

（14）（15）

女：田中さん、コーヒーを飲みますか。

男：いいえ、要りません。王さんだけ飲んでくださいね。

女：えっ、好きじゃないですか

男：ええ。わたしは甘い飲み物が好きですから。コーヒーは苦いです。

女：そうですね。でも、ケーキと一緒に飲んだらおいしいですよ。

男：甘いお菓子の時は、紅茶を飲みます。

女：そうですか。わたしは紅茶が好きじゃないです。

男：そうですか。おいしいですよ。

答　案

第二部分　听力练习

第一课

一、(二) 1.C　2.B　3.C

二、1.A　2.B　3.A

三、(一) 1.B　2.B　3.A

　　(二) 1.B　2.B　3.B

四、(一) 1.B　2.C　3.A

　　(二) 1.B　2.A　3.A

五、1.B　2.C　3.C

第二课

一、(一) 1.B　2.C　3.C

　　(二) 1.A　2.C　3.A

二、1.A　2.C　3.B

三、(一) 1.A　2.B　3.A

　　(二) 1.B　2.A　3.A

四、(一) 1.A　2.B　3.C

　　(二) 1.B　2.B　3.C

五、(一) 1.A　2.C　3.A

　　(二) 1.B　2.A　3.C

第三课

一、1.A　2.B　3.A

二、1.A　2.C　3.B

三、(一) 1.C　2.A　3.C

　　(二) 1.C　2.C　3.B

四、1.B　2.A　3.C　4.A　5.B　6.B

第四课

一、(一) 1.A　2.C　3.C

　　(二) 1.A　2.B　3.C

二、(一) 1.A　2.C　3.B

　　(二) 1.B　2.C　3.A

三、(一) 1.B　2.C　3.A

　　(二) 1.C　2.C　3.A

四、(一) 1.B　2.C　3.B

　　(二) 1.B　2.C　3.C

第五课

一、(一) 1.C　2.A　3.A

　　(二) 1.B　2.C　3.A

二、(一) 1.C　2.B　3.B

　　(二) 1.B　2.B　3.B

三、(一) 1.C　2.A　3.A

　　(二) 1.A　2.C　3.A

第六课

一、(一) 1.B　2.A　3.A

　　(二) 1.C　2.A　3.B

二、(一) 1.A　2.C　3.B

　　(二) 1.B　2.C　3.A

三、(一) 1.A　2.C　3.B

　　(二) 1.A　2.B　3.B

第七课

一、(一) 1.B　2.C　3.B

　　(二) 1.B　2.B　3.C

二、(一) 1.C　2.A　3.B

　　(二) 1.B　2.A　3.B

三、(一) 1.B　2.A　3.A

　　(二) 1.C　2.B　3.B

第八课

一、（一）1.A　2.A　3.C
　　（二）1.B　2.B　3.B
二、（一）1.B　2.C　3.A
　　（二）1.B　2.A　3.C
三、（一）1.A　2.B　3.B
　　（二）1.B　2.A　3.C
四、（一）1.B　2.A　3.B
　　（二）1.B　2.C　3.B

第九课

一、（一）1.C　2.B　3.B
　　（二）1.A　2.B　3.A
二、（一）1.B　2.A　3.C
　　（二）1.B　2.B　3.A
三、（一）1.B　2.C　3.A
　　（二）1.B　2.B　3.B
四、（一）1.A　2.A　3.B
　　（二）1.A　2.C　3.B
五、（一）1.B　2.A　3.B
　　（二）1.A　2.C　3.C

第十课

一、（一）1.B　2.B　3.A
　　（二）1.C　2.B　3.C
二、（一）1.B　2.C　3.B
　　（二）1.A　2.C　3.B
三、（一）1.A　2.A　3.B
　　（二）1.A　2.B　3.B

综合练习一

1～10　BCCCCABBAA　11～20　CBCBCCCCBA
21～30　BBCABCCABC

第十一课

一、（一）1.B　2.A　3.A
　　（二）1.B　2.C　3.B
二、（一）1.B　2.C　3.A
　　（二）1.C　2.C　3.B
三、（一）1.A　2.C　3.B

（二）1.A　2.A　3.B

第十二课

一、（一）1.A　2.C　3.A
　　（二）1.B　2.C　3.B
二、（一）1.A　2.C　3.A
　　（二）1.C　2.C　3.B
三、1.B　2.B　3.A

第十三课

一、1.B　2.A　3.A
二、（一）1.おもしろくない　2.楽しくない
　　　　3.かなしくない　4.大きくない
　　　　5.熱くない
　　（二）1.ハンサムじゃない　2.上手じゃない
　　　　3.変じゃない　4.自由じゃない
　　　　5.熱心じゃない
　　（三）1.B　2.C　3.C
三、（一）1.C　2.B　3.A
　　（二）1.B　2.A　3.C
四、（一）1.C　2.A　3.C
　　（二）1.B　2.C　3.B

第十四课

一、（一）1.B　2.A　3.A
　　（二）1.B　2.C　3.C
二、（一）1.A　2.B　3.A
　　（二）1.A　2.B　3.C
三、（一）1.A　2.C　3.A
　　（二）1.B　2.C　3.B
四、（一）1.A　2.C　3.B
　　（二）1.B　2.A　3.A

第十五课

一、（一）1.C　2.A　3.A
　　（二）1.C　2.A　3.C
二、（一）1.B　2.A　3.C
　　（二）1.C　2.C　3.A
三、（一）1.A　2.B　3.B
　　（二）1.B　2.A　3.C

四、（一）1.C　2.C　3.B
　　（二）1.C　2.C　3.C

第十六课

一、（一）1.B　2.C　3.A
　　（二）1.B　2.B　3.B
二、（一）1.C　2.C　3.A
　　（二）1.A　2.C　3.C
三、（一）1.A　2.B　3.A
　　（二）1.B　2.A　3.B
四、（一）1.A　2.B　3.C
　　（二）1.A　2.B　3.B

第十七课

一、（一）1.B　2.C　3.B
　　（二）1.B　2.C　3.B
二、（一）1.C　2.A　3.C
　　（二）1.C　2.C　3.A
三、（一）1.A　2.A　3.A
　　（二）1.A　2.　A　3.B
四、（一）1.C　2.A　3.A
　　（二）1.C　2.B　3.B
五、（一）1.A　2.B　3.B
　　（二）1.A　2.C　3.B

第十八课

一、（一）1.B　2.C　3.A
　　（二）1.C　2.A　3.A
二、（一）1.A　2.B　3.A
　　（二）1.C　2.C　3.A
三、（一）1.A　2.C　3.C
　　（二）1.A　2.A　3.C

第十九课

一、（一）1.A　2.C　3.B
　　（二）1.B　2.C　3.A
二、（一）1.A　2.C　3.C
　　（二）1.C　2.A　3.A
三、（一）1.C　2.B　3.A
　　（二）1.B　2.B　3.A

第二十课

一、（一）1.B　2.A　3.A
　　（二）1.B　2.A　3.C
二、（一）1.C　2.C　3.B
　　（二）1.A　2.B　3.A
三、（一）1.A　2.C　3.C
　　（二）1.C　2.C　3.C
四、（一）1.B　2.B　3.C
　　（二）1.B　2.C　3.B
五、（一）1.C　2.C　3.C
　　（二）1.C　2.C　3.A

综合练习二

1～10　CACCACABCC　11～20　CABAACBBBC
21～30　BCBBCCABCC

第二十一课

一、（一）1.B　2.B　3.A
　　（二）1.C　2.B　3.C
二、（一）1.C　2.A　3.A
　　（二）1.B　2.C　3.A
三、（一）1.C　2.C　3.C
　　（二）1.A　2.A　3.A
四、（一）1.A　2.A　3.B
　　（二）1.B　2.C　3.C

第二十二课

一、（一）1.A　2.B　3.A
　　（二）1.C　2.C　3.C
二、（一）1.B　2.B　3.B
　　（二）1.B　2.B　3.C
三、（一）1.C　2.A　3.C
　　（二）1.B　2.B　3.A
四、（一）1.C　2.B　3.A
　　（二）1.B　2.B　3.A
五、（一）1.C　2.A　3.C
　　（二）1.C　2.A　3.B

第二十三课

一、（一）1.A　2.C　3.A

（二）1.A 2.C 3.A

二、（一）1.B 2.A 3.B

　　（二）1.B 2.B 3.A

三、（一）1.A 2.B 3.B

　　（二）1.A 2.C 3.B

四、（一）1.C 2.A 3.A

　　（二）1.C 2.A 3.B

第二十四课

一、（一）1.C 2.B 3.C

　　（二）1.A 2.A 3.C

二、（一）1.C 2.B 3.C

　　（二）1.B 2.C 3.C

三、（一）1.B 2.C 3.B

　　（二）1.C 2.B 3.B

四、（一）1.B 2.C 3.B

　　（二）1.B 2.B 3.C

第二十五课

一、1.A 2.A 3.B

二、1.B 2.B 3.C

三、1.B 2.A 3.A

四、1.A 2.C 3.B

第二十六课

一、（一）1.A 2.A 3.C

　　（二）1.A 2.C 3.C

二、1.C 2.B 3.C

三、1.B 2.A 3.A

四、（一）1.C 2.A 3.C

　　（二）1.A 2.B 3.C

第二十七课

一、（一）1.B 2.C 3.A

　　（二）1.A 2.A 3.C

二、（一）1.A 2.C 3.C

（二）1.C 2.C 3.B

三、（一）1.A 2.B 3.C

　　（二）1.C 2.B 3.A

四、（一）1.C 2.B 3.C

　　（二）1.A 2.C 3.C

第二十八课

一、（一）1.A 2.B 3.C

　　（二）1.B 2.C 3.A

二、（一）1.B 2.C 3.C

　　（二）1.C 2.B 3.B

三、（一）1.C 2.C 3.B

　　（二）1.C 2.A 3.C

第二十九课

一、（一）1.B 2.A 3.B

　　（二）1.B 2.C 3.C

二、（一）1.C 2.B 3.A

　　（二）1.A 2.B 3.B

三、（一）1.C 2.A 3.B

　　（二）1.C 2.B 3.A

第三十课

一、（一）1.C 2.B 3.B

　　（二）1.B 2.C 3.C

二、（一）1.C 2.A 3.C

　　（二）1.C 2.C 3.B

三、（一）1.B 2.C 3.A

　　（二）1.C 2.C 3.A

四、（一）1.他 2.自 3.他 4.他 5.自

　　　　6.自 7.他 8.自 9.自

　　（二）1.B 2.B 3.A

综合练习三

1～10 CCBCBBCBAB   11～20 BBAACBCABA

21～30 BABCAABAAC

第三部分　模拟练习

第1回

1～7 CBCBCCA 　　8～15 CBCACABA

第2回	
1～7　CCAACCC	8～15　BCCCBCAC

第3回	
1～7　BCACBAC	8～15　BACCABBC

第4回	
1～7　CBABBCA	8～15　ACCABCAA

第5回	
1～7　BBCBBBC	8～15　BBCBACBC

第6回	
1～7　ACCBABC	8～15　BBACCBBB

第7回	
1～7　CCCBCBA	8～15　BCCACBBC

第8回	
1～7　CAACACC	8～15　CCACACCC

第9回	
1～7　BCBCBCC	8～15　CBACCAAA

第10回	
1～7　CCBAACB	8～15　BBCCBABC

第11回	
1～7　CACCCBB	8～15　BABCCBAB

第12回	
1～7　CBCAACA	8～15　BCABCACA

第13回	
1～7　BBCAAAB	8～15　BCAACAAC

第14回	
1～7　CCBCCAB	8～15　ABBCAACC

第15回	
1～7　ACCAACC	8～15　CACBCBAB

第16回	
1～7　AACBCBC	8～15　CCCAABBB

第17回	
1～7　ACBCBBA	8～15　AACAACBC

第18回	
1～7　ACCCBCC	8～15　CBCACCCA

第19回	
1～7　BBBCCAC	8～15　ACBACBCC

第20回	
1～7　ACCBBAC	8～15　CABBBBCC

第21回	
1～7　CABBACC	8～15　ABBCCBBC

第22回	
1～7　BCCBCBB	8～15　CBABACAB

第23回	
1～7　BBBCCCB	8～15　CCABACCA

第24回	
1～7　BCBACCB	8～15　CCCBBCCB

第25回	
1～7　ABCBBBA	8～15　CBBCCBBB

第26回	
1～7　CCBCBCC	8～15　ACCCCCBB

第27回	
1～7　CDCCACC	8～15　BCBABCAB

第28回	
1～7　BCACBCC	8～15　CBBCCCCB

第29回	
1～7　BBCCABC	8～15　BCCACAAB

第30回	
1～7　BBCCCCB	8～15　CCBBCCBB

附录 高考日语听力必备词汇(初级篇)

一、人物词汇

人称、身份

私・僕・俺(わたし・ぼく・おれ)	我	お母さん(おかあさん)	母亲
貴方・君(あなた・きみ)	你	母(はは)	妈妈
彼(かれ)	他	親(おや)	父母
彼女(かのじょ)	她	両親(りょうしん)	父母
皆さん(みなさん)	大家	お姉さん(おねえさん)	姐姐
誰(だれ)	谁	姉(あね)	姐姐
お祖母さん(おばあさん)	外婆,奶奶	お兄さん(おにいさん)	哥哥
お祖父さん(おじいさん)	外公,爷爷	兄(あに)	哥哥
叔母さん(おばさん)	阿姨、舅妈等	妹(いもうと)	妹妹
叔父さん(おじさん)	叔叔、舅舅等	弟(おとうと)	弟弟
お父さん(おとうさん)	父亲	兄弟(きょうだい)	兄弟姐妹
父(ちち)	爸爸	従兄弟(いとこ)	表/堂兄弟姐妹

人物关系

夫(おっと)	丈夫	同級生(どうきゅうせい)	同学
妻(つま)	妻子	同僚(どうりょう)	同事
ご主人(ごしゅじん)	(别人的)丈夫	クラスメート	同班同学
奥さん(おくさん)	妻子	先生(せんせい)	老师
娘(むすめ)	女儿	先輩(せんぱい)	前辈
息子(むすこ)	儿子	後輩(こうはい)	晚辈
家族(かぞく)	家人	上司(じょうし)	上司
親戚(しんせき)	亲戚	部下(ぶか)	部下
恋人(こいびと)	恋人	大家(おおや)	房东
友達(ともだち)	朋友	お客さん(おきゃくさん)	客人

二、事物词汇

日常生活用品

文房具（ぶんぼうぐ）	文具	ドライヤー	吹风机
印鑑（いんかん）	印章	タオル	毛巾
葉書（はがき）	明信片	ティッシュペーパー	纸巾
消しゴム（けしゴム）	橡皮	食器（しょっき）	餐具
鉛筆（えんぴつ）	铅笔	コップ	杯子
ボールペン	圆珠笔	グラス	玻璃杯
万年筆（まんねんひつ）	钢笔	お皿（おさら）	盘子
ノート	笔记本	箸（はし）	筷子
雨具（あまぐ）	雨具	茶碗（ちゃわん）	碗
メガネ	眼镜	ナイフ	餐刀
鞄（かばん）	包	フォーク	叉子
カード	卡	鍋（なべ）	锅
ネックレス	项链	電子レンジ（でんしレンジ）	微波炉
腕時計（うでどけい）	手表	ゴミ箱（ゴミばこ）	垃圾箱
携帯（けいたい）	手机	布団（ふとん）	被子
スマートフォン	智能手机	おもちゃ	玩具
花瓶（かびん）	花瓶	カーテン	窗帘
目覚まし時計（めざましどけい）	闹钟	リモコン	遥控器
鍵（かぎ）	钥匙	マスク	口罩
化粧品（けしょうひん）	化妆品	人形（にんぎょう）	人偶
歯ブラシ（はブラシ）	牙刷	ゴミ袋（ゴミぶくろ）	垃圾袋
歯磨き粉（はみがきこ）	牙膏	雑巾（ぞうきん）	抹布
石鹸（せっけん）	香皂	カメラ	照相机
シャンプー	洗发水		

三、时间词汇

年

一昨年（おととし）	前年	再来年（さらいねん）	后年
昨年（さくねん）	去年	年末（ねんまつ）	年底
去年（きょねん）	去年	～年（ねん）	～年
今年（ことし）	今年	～年間（ねんかん）	～年的时间
来年（らいねん）	明年		

季节

春(はる)	春	秋(あき)	秋
夏(なつ)	夏	冬(ふゆ)	冬

月

一月(いちがつ)	1月	三ヶ月(さんかげつ)	3个月
二月(にがつ)	2月	四ヶ月(よんかげつ)	4个月
三月(さんがつ)	3月	五ヶ月(ごかげつ)	5个月
四月(しがつ)	4月	六ヶ月(ろっかげつ)	6个月
五月(ごがつ)	5月	七ヶ月(ななかげつ)	7个月
六月(ろくがつ)	6月	八ヶ月(はちかげつ)	8个月
七月(しちがつ・ななががつ)	7月	九ヶ月(きゅうかげつ)	9个月
八月(はちがつ)	8月	十ヶ月(じゅっかげつ)	10个月
九月(くがつ)	9月	先々月(せんせんげつ)	上上个月
十月(じゅうがつ)	10月	先月(せんげつ)	上个月
十一月(じゅういちがつ)	11月	今月(こんげつ)	这个月
十二月(じゅうにがつ)	12月	来月(らいげつ)	下个月
一ヶ月(いっかげつ)	1个月	再来月(さらいげつ)	下下个月
二ヶ月(にかげつ)	2个月	毎月(まいつき・まいげつ)	每个月

周

月曜日(げつようび)	星期一	先週(せんしゅう)	上周
火曜日(かようび)	星期二	今週(こんしゅう)	这周
水曜日(すいようび)	星期三	来週(らいしゅう)	下周
木曜日(もくようび)	星期四	再来週(さらいしゅう)	下下周
金曜日(きんようび)	星期五	毎週(まいしゅう)	每周
土曜日(どようび)	星期六	週末(しゅうまつ)	周末
日曜日(にちようび)	星期日	～週間(しゅうかん)	～周的时间

四、数量词

数字及个数

1（いち）	12（じゅうに）	1万（いちまん）	十（とお）
2（に）	13（じゅうさん）	1億（いちおく）	いっこ（一個）
3（さん）	14（じゅうよん・じゅうし）	一つ（ひとつ）	にこ（二個）
4（し・よん）	15（じゅうご）	二つ（ふたつ）	さんこ（三個）
5（ご）	16（じゅうろく）	三つ（みっつ）	よんこ（四個）
6（ろく）	17（じゅうなな・じゅうしち）	四つ（よっつ）	ごこ（五個）
7（しち・なな）	18（じゅうはち）	五つ（いつつ）	ろっこ（六個）
8（はち）	19（じゅうきゅう・じゅうく）	六つ（むっつ）	ななこ（七個）
9（きゅう・く）	20（にじゅう）	七つ（ななつ）	はっこ・はちこ（八個）
10（じゅう）	百（ひゃく）	八つ（やっつ）	きゅうこ（九個）
11（じゅういち）	千（せん）	九つ（ここのつ）	じゅっこ・じっこ（十個）

人数及年龄

1人（ひとり）	7人（ななにん）	3歳（さんさい）	9歳（きゅうさい）
2人（ふたり）	8人（はちにん）	4歳（よんさい）	10歳（じゅっさい・じっさい）
3人（さんにん）	9人（きゅうにん・くにん）	5歳（ごさい）	20歳（はたち）
4人（よにん）	10人（じゅうにん）	6歳（ろくさい）	いくつ・何歳（なんさい）
5人（ごにん）	1歳（いっさい）	7歳（ななさい）	
6人（ろくにん）	2歳（にさい）	8歳（はっさい）	

五、地点词汇（方位方向）

東（ひがし）	东	側（そば）	旁边
西（にし）	西	隣（となり）	旁边,隔壁
南（みなみ）	南	横（よこ）	旁边
北（きた）	北	真ん中（まんなか）	正中间
前（まえ）	前	内（うち）	里边
後ろ（うしろ）	后	奥（おく）	里边
左（ひだり）	左	周辺（しゅうへん）	周边
右（みぎ）	右	周り（まわり）	周围
上（うえ）	上	近く（ちかく）	附近
下（した）	下	辺り（あたり）	附近

（续表）

中（なか）	中间	突き当り（つきあたり）	尽头
外（そと）	外边	隅（すみ）	角落
向こう（むこう）	对面		

六、其他词汇

まず	首先	現在（げんざい）	现在
次に（つぎに）	接下来	今後（こんご）	今后
それから	然后	これから	接下来
最後に（さいごに）	最后	将来（しょうらい）	以后
結局（けっきょく）	最终	今回（こんかい）	这次
昔（むかし）	很久以前	今度（こんど）	下次
過去（かこ）	过去	～前に（まえに）	～之前
ここ数年（ここすうねん）	近年来	～後で（あとで）	～之后
このごろ	最近	～てから	～之后
最近（さいきん）	最近	～たばかり	刚刚～
この前（このまえ）	之前	～まで	到～一直～
さっき	刚才	～までに	截至～,最晚～

扫码关注"上海交大日语",获取更多学习资源